祁龙威学术论文选

祁龙威 著

學苑出版社

图书在版编目（CIP）数据

祁龙威学术论文选／祁龙威著. ——北京：学苑出版社，2013.7

ISBN 978-7-5077-4307-4

Ⅰ. ①祁… Ⅱ. ①祁… Ⅲ. ①中国历史－近代史－文集②中国历史－现代史－文集 Ⅳ. ①K250.7-53

中国版本图书馆 CIP 数据核字（2013）第 129035 号

出 版 人： 孟 白
责任编辑： 刘 丰
出版发行： 学苑出版社
社　　址： 北京市丰台区南方庄 2 号院 1 号楼
邮政编码： 100079
网　　址： www.book001.com
电子邮箱： xueyuan@public.bta.net.cn
销售电话： 010-67675512、67678944、67601101（邮购）
印 刷 厂： 河北省高碑店市鑫宏源印刷包装有限责任公司
开本尺寸： 787×1092　1/16
印　　张： 12.5
字　　数： 252 千字
版　　次： 2013 年 7 月第 1 版
印　　次： 2013 年 7 月第 1 次印刷
定　　价： 38.00 元

《祁龙威学术论文选》自序

行年九十，选取自上世纪五十年代起，所为学术论文，厘为一集，出版与同好交流，刊目以见大略：

《从〈报恩牌坊碑序〉问题略论当前研究太平天国史工作中的偏向》（原载《光明日报》1957年5月23日）

《乾嘉史学初探》（原载《江海学刊》1962年第1期）

《帝党与戊戌变法》（原载《新建设》1963年第9期）

《论清末的铁路风潮》（原载《历史研究》1964年第2期）

《〈磷血丛钞〉辨伪》（原载《扬州师范学院学报》1980年第1期）

《梁启超与清代学术史》（原载《扬州师范学院学报》1988年第2期）

《考证学与历史研究》（原载《扬州大学学报》人文社会科学版2002年第3期）

《修纂〈清史·朴学志〉日记》（原载《清史研究》2012年第1期）

《〈章太炎大传〉序》（原载上海交通大学出版社2011年9月版《章太炎大传》）

《为太平天国史学鞠躬尽瘁——敬书〈罗尔纲全集〉后》（原载《扬州大学学报》人文社会科学版2012年第4期）

《读清代"乾嘉学派"著作一得》（原载《扬州文化研究论丛》第9辑）

学识浅陋，各文都有缺失，未知追改，以存原貌，待方家正之。

2012年12月祁龙威谨记

目　录

从《报恩牌坊碑序》问题略论当前研究太平天国史工作中的偏向

解放以来，很多研究太平天国史的人们，几乎都把常熟的《报恩牌坊碑序》当作是说明在李秀成领导下，常熟等地太平天国政府政策的进步性和年丰人乐的根据。

我生长常熟，听到过关于太平军的很多传说，近年阅读史料，曾对这个残碑摩挲勘订，发现它的内容与历史的真相不符。

一、关于"报恩牌坊"的来历问题

《报恩牌坊碑序》并不如有些同志所理想的是"常熟人民感恩报德"的文章，[①]而是以钱桂仁为首的一群叛徒别有用心地谀颂忠王的作品。

原来太平军在攻下江南前，已经发展成为一支庞杂而不稳定的队伍。其中久经艰苦战斗、忠贞于农民革命事业的广西老战士已经很少，"大抵以湘、鄂、皖、赣等籍人，先充官军，或流氓地痞，裹附于贼，或战败而降贼军，积赀得为老兄弟者居多"。[②]在攻下江南的时候，大量的招降纳叛，[③]更加深了自己内部的危机。有不少地方政权，已落在一些堕落分子的掌握。

常熟昭文守将钱桂仁，桐城人，他和地主阶级有千丝万缕的关系。[④]当咸丰十年（一八六〇）秋季，接防常昭之后，即表现出种种背叛革命的

---

① 罗尔纲：《太平天国文物图释》，第57页。

② 李圭：《思痛记》卷上，《太平天国》第4册，第480页。

③ 罗尔纲：《忠王李秀成自传原稿笺证》，第121页，中华书局1954年6月版。

④ 李鸿章：《朋僚函稿》第2，同治元年闰月二十七日《上曾相》。

行为：

生活腐化，贪污享乐

龚又村《镜稚轩自怡日记》[1]说：

> （咸丰十一年三月初五日）晚见钱伪帅查卡，……至存仁堂，爱大船厅，命师帅拆移城馆，扎本松桧两盆，亦随身去（卷20）。

他在同年八月八日写道：

> 其盐务则拨各乡，著军师帅销卖，……（每斤）钱帅归四文（同上）。

以后他的部将骆国忠乘钱桂仁到苏州的机会，争先发动叛变，觊觎他的“赀重”，[2]也是原因之一。

重用地主分子

钱桂仁在常昭，任用陈耕云为军政司，“专管粮务”。陈系寓居在常昭的仪征县廪生。有人亲见他“豪华特甚，时有姬人艳妆出屏见客，每图要办米八百石，银一千五百两，……米色顶真，须出使费，乃斛收”。当时在钱桂仁部下，陈的权力最大。其次为胡伯和（一名昌銮），“系徽州人，丙午孝廉，江苏拣发知县，被掳掌吏科”。这个反革命的两面派分子一心效忠清朝，在病死之后，他的木主上还写着清朝的官衔。通过胡伯和的关系，原来躲避在农村的南乡大地主曹和卿便公然进城，面见钱桂仁，不论关于“收漕”、“试士”等大政，钱桂仁、胡伯和都向他请教。准许地主收租和考试“出四书题”，都是他的主意。博得地主们齐声喝彩，说他

---

①《镜稚轩自怡日记》系未刊之本，现藏北京图书馆（参阅1957年2月14日《光明日报》、《史学》第101号，拙作《介绍镜稚轩自怡日记》）。

② 谭嘘云：《常熟记变始末》卷下，《太平天国》第5册，第403页。

能够“片言使狂寇回心”。[①]

支持地主，剥削农民

太平军初到常昭，是不准地主收租的。经过地主分子的活动，钱桂仁便公然支持他们剥削农民。《镜稚轩自怡日记》说：

> 辛酉二月，邑绅曹和卿具禀钱伪将：悯城士流落于各乡者度日艰难，每亩酌收三斗，立租局于吴塔左近（卷21）。

这样，便激起了常熟南乡农民的强烈反抗，很多租局的房屋被拆毁，“局董”被击毙，钱桂仁竟派兵镇压，并亲自下乡，“访获周姓二人，熬审毁局，随带回城”。同年秋收的时候，钱桂仁更进一步地支持地主收租。

> （八月八日）闻伪示：业户呈田数给凭，方准收租，每亩出田凭费六十，又欲呈田契钤印，图取税银，曹和卿劝止，现设公局于西庄存仁堂，议各乡租米，归局代收（同上书卷20）。
>
> （十月初五日）见武军政洪（原缺）示十欵：如佃农匿田抗租，……本人处斩，田亩充公（同上）。
>
> （十二月望日）迎天豫钱（原缺两字），下洞港朱局，……谕司马百长，饬佃农五日中完清租粮，即桂仁之子也（同上）。

私通敌人，阴谋叛变

当太平军攻下江南时，这里的封建残余势力被迫向三方面退却，一部分逃往上海；一部分钻进太平军内部；一部分潜伏农村。不久，他们又迅速地重行结合，以上海为基地，利用农村中的据点和力量，通过钻进革命内部的人，勾诱动摇分子，梦想内应外合一举攻陷苏福省。

据很多史料记载，钱桂仁很早就和苏州守将熊万荃、降将李文炳以及盘踞在苏、锡、昆、虞四县边区的地主武装首领徐佩瑗等勾结，接受流亡在上海的苏州知府吴云的指挥，进行叛变活动。吴云于一八六一年致李

① 以上均见《镜稚轩自怡日记》。

文炳的密信里曾说：

金二戈处既已扣定，有无生法之处？①

同年，江苏巡抚薛焕奏报清朝：

常熟贼目钱安邦……欲乘间投诚，束身归罪。②

有个参与叛变阴谋的周庄大地主写道：

（咸丰十一年）十二月十一日，接吴藩司密札饬费秀元（即费玉成，盘踞周庄的土匪头目）整备船勇，堵御葑娄一带援贼，盖因苏城贼酋李文炳、熊万荃、钱得胜与永昌团董徐少蘧佩瑗同谋内应，据称有兵六万，不用官军援剿，但请上海设局以济其饷，于是府尊吴平斋云至泖塔，倩清卿（吴大澂）来镇候信，振甫亦自长渠至，将密调孙少襄（孙金彪，盘踞盛泽的土匪头目）之众为外应，不意忠逆于十七日率群贼自杭回苏，内外悚然，俱不敢动，然糜饷已十余万矣。③

在大叛变流产之后，钱桂仁的投降活动更加积极。李鸿章于同治元年（一八六二）闰八月二十七日，写信给曾国藩说：

常昭踞逆钱百顺桐城人，密托程学启乞降，所部二三万，存饷二十万，可支数月，俟嘉定克复，我军进昆山，便以城来归。④

---

① 吴云：《两垒轩尺牍》，卷12，《复李某》。“金二戈”系钱字的暗号。

②《同治东华续录》，卷1，咸丰十一年八月丁巳《上谕》。

③ 陶煦：《贞丰里庚申见闻录》卷上。据《镜稚轩自怡日记》，钱桂仁一名得胜。

④ 李鸿章：《朋僚函稿》第2，同治元年闰月二十七日《上曾相》。

谭嘘云《守虞日记》:

桂仁素有反正之心，因无援未发。会李抚军收浦东降众，连克青浦、嘉定，军威大振，桂仁遣董政勤至彭家桥海口，阳为负固之计，阴图纳款之谋；政勤曾隶行伍，于官军有旧也。①

同年十一月，这个叛徒完成了叛变准备之后，便阴狠地企图谋杀忠王。庞鸿文《常昭合志稿》说:

桂仁先于虞山门外筑石营，工竣后即赴苏将诱伪忠王李秀成至常昭阅城计杀之。②

不料骆国忠争先发动叛变，杀掉了他的全家，夺取了他的赀财。钱贼一时进退失据，后蒙忠王宽大，令其将功赎罪，但是在左宗棠进攻杭州的时候，仍“遣人纳款献城”，最后，可耻地“跪伏道旁，泣求免死”，留下了他的狗命。③

总之，从钱桂仁的身上，反映了当时阶级斗争的尖锐复杂性和太平军内部阶级力量对比的变化，也体现出农民战争失败的共同规律：即太平天国革命和历史上所有的农民战争一样，它能够消灭外部的敌人，而无法纯洁自己的内部；它能够在军事上战败地主阶级，而抵抗不住地主阶级在政治上的侵袭。内部的反动势力和堕落倾向随着战争的胜利而不断滋长起来，特别是在进入“财赋之区”，被子女玉帛所包围的时候，便给敌人以内外夹攻的机会。

狡猾的叛徒们，为了隐蔽叛变的逆谋，千方百计地媚惑革命的领导者。《镜稚轩自怡日记》曾说：钱桂仁在常熟城内前造桥筑花墅，“为伪忠王行宫，水木工疲于奔命”。当一八六二年初，大叛变流产之后，他一方面更积极地准备叛变，另一方面加紧对忠王献媚，《报恩牌坊碑序》就是

①《太平天国》第5册，第407页。

②《常昭合志稿》卷18,《兵制》附《兵事》。

③《左恪靖伯奏稿》卷14,《陈明钱贵仁事前通款贷其一死片》。

这时的产物。[1]所以《海虞贼乱志》说：

> 闻伪忠王奉召回京，遂于南门外建一大石坊，名报恩忠王坊，盖以忠王为伪天王檄召，特建此坊，谓忠王爱民如子，民不能忘，王虽去京，此坊如召伯甘棠之意。忠王大喜，加钱逆为受天天军主将，独掌常昭军民事务。[2]

撇开地主阶级对革命污蔑的意义，这段记载是含有某些真相的。又据《镜稚轩自怡日记》说，叛徒们还借着建筑牌坊的名义，大肆搜括，"佃农疲惫不堪"，成为严重的灾难。由此可见，如果我们天真地把这个残碑当作是人民感恩报德而营造的，那就完全违反了历史的事实，而被叛徒们所窃笑了。

二、关于碑文内容的真实性问题

在叛徒们的横征暴敛之下，常、昭两县农民的生活到了困苦不堪的境地。

据各种文献所记，当时常、昭农民对政府的负担是异常繁重的，有公粮、军租、田凭费、上下忙银、兵饷捐、红粉捐、过路供应费、免冲钱、筑海塘捐、修塘路捐等种种捐税名目。再加上各级官吏的层层剥削，又额外加重了农民的负担。请看一八六一年秋收时，常熟南乡佃农应缴的每亩租粮总数：

公粮——三斗三升；加费钱一百十四；
局费——一斗；

---

① 陆筠：《海角续编》谓《报恩牌坊》建成于同治元年二月，顾汝钰《海虞贼乱志》则记在同年六月后。罗尔纲先生推测为前者所记是建坊开始的时候，而后者所记却是牌坊已建成的时候（《太平天国文物图释》第58页）。按《镜稚轩自怡日记》说"（同治元年三月初九日）舣舟至城，……见报恩坊新造，在丰乐桥堍"与《海角续编》之说合，《海虞贼乱志》系追记之词。

②《太平天国》第5册，第374页。

田凭费——一斗；

委员监局费——一斗；

地租——一斗。

叛徒们的搜括手段又是极端残酷的。“一有不应，已链条加颈，甚则杖枷。”[①]以下是《海虞贼乱志》记同治元年春夏间常昭东乡的情形。

拘农民具限期，每亩赋役折价，涨价至二千零六十文，农力何能完办？到麦熟，有未清者，伪职代坐天父堂，着司马伍长交出欠户，当堂行杖，命听差随至其家，将所收麦子蚕豆尽行拿出作价抵偿。老幼男女见此情状，泣泪如雨。[②]

主要由于叛徒们的这样搜括，造成物价飞涨，更加深了农民的灾难。原来每斤十八文的盐价，经过钱桂仁等层层抽税，增加到二十八文。[③]就在“报恩牌坊”建成后不久，《镜稚轩自怡日记》说道：

（五月初十）见天久不雨，例破黄梅，农夫望云益甚，致米珠粟玉，度日大难而追呼仍如火急。予寓买米每石价至六千五百，乃未几而增至八九千，谁能堪此（卷21）。

同年有个常熟地主周鉴在《汝南一家言》中写道：

去夏米价六千，今夏贵至八千以外。道光二十九年大水，米价五千八百，咸丰六年大旱，米价六千，皆无如此之数也。[④]

---

① 以上据《镜稚轩自怡日记》。按当时因捐税繁重，所以叛徒们不得不限制地主的剥削，仅许收租一斗，以缓和农民的反抗。

②《太平天国》第5册，第373页。

③ 以上据《镜稚轩自怡日记》。按当时因捐税繁重，所以叛徒们不得不限制地主的剥削，仅许收租一斗，以缓和农民的反抗。

④《近代史资料》杂志1955年第3期。

叛徒们“三里五里设卡抽厘”，而且“店有店凭，数千至百数十千，逐日再加，抽日头钱，虽素菜摊日收四五文亦不免”。[1]这样，就造成了“货殖亦难得利，闭歇者多”[2]的商业萧条现象。

随着社会经济破产而来的，便是农民暴动。据各种文献的记载，在咸丰十一年（一八六一）和同治元年（一八六二）两年间，常熟昭文四乡农民的抗租、抗粮、抗捐暴动不下数十次。

咸丰十一年四月，南乡吴塔、莘庄等地发生农民抗租暴动。

同月，南乡翁庄、樊庄等地和东乡的白茆都发生农民抗捐暴动。

五月，东乡陆家市等地发生农民反抗“军租”暴动。

六月，南乡四万荡，东乡陈唐坝都发生农民抗捐暴动。

十月，东乡的周巷桥发生农民抗粮暴动。西乡顾山发生农民反对查田暴动。

十一月，北乡福山、东乡柴角等处都发生农民抗粮暴动。

同治元年上半年的民变也多如蜂起。就在“报恩牌坊”建成的同月，西乡的小市桥还爆发了一次农民抗粮暴动。

这些暴动都遭遇叛徒们的血腥镇压，往往“大打先锋”，“民宅都空”，“俱成焦土”。

沿江一带的村镇，还不时遭受外国侵略者船舰和清朝“水师”的炮轰和抢劫。许多地主、土匪的武装也横行无忌。大局的恶化，更促成社会秩序的动荡。[3]

试看这种情形，和碑文所说的，“禾苗布帛均出以时，士农工商各安其业，平租佣之额赋，准课税之重轻，春树万家，喧起鱼盐之市，夜灯几点，摇来虾米之船”的民物殷阜景象正成尖锐的对比，有什么相似之处呢？由此可见，如果我们把《报恩牌坊碑序》当作描绘太平天国历史的根据，把叛徒统治下的混乱世界粉饰成为年丰人乐的理想社会，便不自觉地

①《近代史资料》杂志1955年第3期。

②《镜稚轩自怡日记》卷20。

③ 以上参据《镜稚轩自怡日记》、佚名《庚申避难记》(一名《庚申避难日记》，未刊本，系常熟西北乡黄家桥的一个小地主所作。土改后我于离黄家桥不远的港口镇发现，内容极富)、《海虞贼乱志》等书。

陷入了主观唯心论的泥潭。

三、目前研究太平天国史工作中的偏向

解放以来，研究太平天国史的人们都积极发扬太平天国革命的意义，有了很大的成绩。同时也产生一种偏向，就是有些同志对凡是有利于太平天国的资料，不论它是否真实，便一律当作可靠的根据，而把它渲染起来；凡是和这个观点相反的，便当作“地主阶级的污蔑”而在排斥之列。这样，也就在自己和读者的面前筑起了一道隔离历史真相的高墙。《报恩牌坊碑序》的问题就是显著的一例。

迄今研究太平天国史最有贡献的是罗尔纲先生，从罗先生所写的书里，我们可以举出不少同样的事例。

按佚名《庚申避难记》说：

> （咸丰十年十一月）初六（日），有长毛告示，要收钱粮，谕各业户各粮户，不论庙田、公田、学田等俱要造册收租完粮。

佚名《平贼纪略》记咸丰十一年正月无锡、金匮事说：

> 城贼黄和锦出示招募锡金老书吏，设伪钱粮局于东门亭子桥唐宅，分业田收租完粮。令民自行投柜，随给伪串。城乡业田者俱得收租糊口，或顽佃抗租，诉贼押追 。①

这些都是后期太平天国的部分地方的变节政府于咸丰十年冬季和十一年春季已经准许地主收租的证据。罗先生掌握了这些尚未公开发表的资料，并没有很好地用以说明后期太平军内部阶级力量对比的变化，分析太平天国失败的原因。

他在《天朝田亩制度的实施问题》一文里，为了证成太平军曾在苏

---

①《太平天国文物图释》第 188 页。窦镇《锡金续识小录》卷 1，有同样的记载。

常实行“耕者有其田”的论点，尽管在很多处征引这两种钞本，但是从来没有一提上述两段记载，而是割取了另外几节片段的文字来描绘太平军在常熟无锡于咸丰十一年冬季还实行“耕者有其田”的设施。

《庚申避难记》一再说明太平天国常熟昭文政府从咸丰十年冬季以后就准许地主收租，而罗先生却固执地引用它的以下一段话来证明太平天国常昭政府于咸丰十一年十二月还保护佃农的土地所有权。①

> 长毛又要耕种自田领凭，每亩米五升，折钱一百二十五文，着旅帅必要催领。

姑不论罗先生置前文于不顾，就按这段原文也是说常昭太平天国政府在向佃农征税之后，又向自耕农征税，要他们领凭，并不如罗先生所解释的，是发给佃农“土地证”的意思。罗先生固然不了解常熟的方言，“耕种自田”系指自耕农而不是佃农；也没有注意到如果真的是满足了佃农的土地要求的话，那么，应该受到他们的拥护与欢迎，像《庚癸纪略》所记“领凭后租田概作自产，农民窃喜，陆续完纳”的吴江情形一样，为什么还要“着旅帅必要催领”，强迫农民执行呢？

《平贼纪略》于咸丰十一年十月有以下的一段记载。

> 伪乡官随田派捐以供贼支。各佃户认真租田当自产，故不输租，各业户亦无法可想，惟乡业熟悉田佃者或可每石收一、二斗不等。旋为贼知偏枯，是年春遂招书吏循旧章按户完粮收租。于是城业议设总仓厅于四城门外以便各佃户就近还租，公举薛某总董其事，出传单招各业主将租册送总仓厅者代完粮收租。因照足额，以至各佃户聚众拆毁而废。后归各业自行到乡收租，大抵半租而已。②

① 罗尔纲：《太平天国史事考》，第209页。

②《太平天国文物图释》，第188—189页。

从这里，我们可以深刻地看出当时阶级斗争的复杂尖锐性和嗅到太平天国革命行将失败的气息。但是在《天朝田亩制度的实施问题》一文里，罗先生只摘引了“伪乡官随田派捐以供贼支。各佃户认真租田当自产，故不输租，各业户亦无法可想”几句，来描绘太平军在苏常地区实现“耕者有其田”的经过。[①]直到当时那个“总仓厅”董事薛某的“布告”出现之后，罗先生在笺释这个“布告”的时候，才不得不征引了上述《平贼纪略》的一段全文。[②]不容讳言，罗先生这样地处理尚未刊行的史料，不仅损害了自己学术的成果，而且贻误了后学。

也由于罗先生这样地富于主观主义精神，所以有牵强附会的错误。例如在《忠王李秀成自传原稿笺证》里，曾征引沈梓《避寇日记》来表明忠王在苏州的治绩：

> 过钱吟樵，言苏属乡镇未延烽火者十之七八，且迁徙者多，人烟转盛，城市富民往来贸易，货财充斥，增设市廛，贼但抽租增税而已，初不知其为乱世也，彼常以事至荡口镇，目见其然也。[③]

实际上这是战时某些地方商业畸形发展的现象，与忠王的治绩无关。

按太平天国在苏浙建立政权，一般都是从城市到乡村的，所以当苏州、无锡等城市已经被太平军所占领，而不少地主豪绅仍据守农村对抗革命。在革命洪流的冲击下，一部分土崩瓦解；一部分表面归附太平军，以保全地盘和实力。在他们的盘踞下，当时有不少未经战争和不受太平天国直接管理而被流亡地主当作安乐窝的巨镇，如华翼纶霸占的荡口、徐佩瑗霸占的黄埭、费玉成霸占的周庄、孙金彪霸占的盛泽等，这里的商业都畸形发展起来。[④]另外有些没有受战争影响的商业中心地点，也呈现特殊繁

① 罗尔纲：《太平天国史事考》，第209页。

②《太平天国文物图释》，第188—189页。

③《忠王李秀成自传原稿笺证》，第129页。

④ 以上参据施建烈《纪无锡县城失守克复本末》、潘钟瑞《苏台麋鹿记》、《贞丰里庚申见闻录》、《镜稚轩自怡日记》、仲虎腾《盛湖志补》等书。

荣的景象。《镜稚轩自怡日记》于咸丰十一年春夏之交说：

> 近因各路梗塞，办货者择地，东则往上海，南则往余杭，北则往通州，以及嘉定之黄渡、南翔，金匮之东亭、荡口，长洲之陆墓、黄埭，吾邑之野塘、彭桥（卷20）。

至于军队经常过往的地方，“若山塘、金顶桥数处，则浮摊不成市，时发时收”。罗先生没有引用《避寇日记》的材料来研究太平天国革命战争时期的复杂情况所造成的这种经济畸形发展的社会现象，而牵强附会，夸大忠王个人的作用，这对太平天国史的研究是没有益处的。

总之，从《报恩牌坊碑序》和上述其他事例，说明了过去研究太平天国史工作中的一种偏向，就是主观主义的观点与方法所造成的偏向，它阻碍了我们对太平天国的历史做更深刻的认识。因此我们必须克服这种偏向，才能把对太平天国的研究工作向前推进一步。

原载《光明日报》1957年5月23日

乾嘉史学初探

乾隆之世是清朝的鼎盛阶段，也是中国历史上重要的一页。据《东华录》、《户部则例》、《三通》、《会典》等书记载，乾隆三十一年的全国耕地面积共七百四十一万四千四百九十五顷五十亩有奇，较之康熙二十四年增加了一百三十三万六千六十四顷有奇。又据《东华录》的资料，乾隆五十八年的全国人口总数已超过了三亿，几乎是顺治初年的三倍。显见这时的社会经济是比前繁荣，农民与地主之间以及满、汉地主集团之间的矛盾都不似清初阶段那样尖锐化。除了西北、西南、台湾等边陲尚有警烽之外，国内的大部分地区处在一个相对的和平时期。乾隆朝的强盛，不仅统一了全国，也扩大了中国对四邻的影响，对西方资产阶级的东侵起了阻挡的作用，保卫了东亚和全国的安宁。

从有利于清王朝的封建统治出发，在经济发展和政治稳定的基础上，乾隆皇帝大力收罗文士，一开博学鸿词科，二开阳城马周科，三开经学科。他也很重视搜集著述，编纂书籍。《永乐大典》的缮写，《四库全书》的编纂，武英殿的刻书，都是一时盛事。某些廷臣疆吏，如朱筠、方苞、秦蕙田、毕沅之流，也门多食客，家富藏书。《五礼通考》的编纂，《续资治通鉴》的撰成，都成为当代的巨著。统治阶级的这些活动，在客观上促进了学术文化的发展。

清初顾炎武、黄宗羲等诸大师的穷经朴学，给后人以深厚的影响，启发了乾隆时代的学者。

有了以上这些主要因素，所以当乾隆之世，人才辈出，著述成林，流风所被，迄于嘉庆，在中国学术史上，展开了“乾嘉时代”的一页。

乾嘉学者本顾炎武“博学于文”之训，举凡经学、史学、文字、音韵、天文、地理、算法、律吕、金石、版本、目录等，都是他们研究的对象。多数的乾嘉学者都重视考证，其风也开自清初顾炎武。《四库全书》

《日知录提要》说：“炎武学有本原，博赡而能贯通，每一事必详其始末，参以证佐，而后笔之于书，故引据浩繁，而抵牾者少。”顾炎武于《音论》一书中自述研究毛诗音韵的方法说：“列本证旁证二条，本证者诗自相证也，旁证者采之他书也。二者俱无，则宛转以审其音，参伍以谐其韵。”这是一种比较合乎科学的治学方法。到了乾嘉时代，考证之法大盛，正如梁启超《清代学术概论》所说：“夫无考证学则是无清学也，故言清学必以此时期为中坚。”

乾嘉时代的史学，大致可以分为三派：一派着重采集文献，它的主要代表是全祖望；一派着重整理古籍，它的主要代表是钱大昕；一派着重评述作史义法，它的主要代表是章学诚。兹就对这三大史家的生平及其主要著作的初步研究，试图勾画出一幅乾嘉史学的概貌。

一

全祖望（1705—1755），字绍衣，浙江鄞县人。“以选贡人成均，举顺天乡试。……会诏举博学宏词，尚书赵殿最以其名荐。乾隆元年，成进士，选庶吉士。是年试词科，以先入馆例不预。次年散馆归进士班。补外。遂归。……晚年，两广总督延主端溪书院，将特疏荐之。因语诸生曰：‘是以说经为媒也’，托疾辞归。……卒年五十一。学者称谢山先生。”[①]综观他的一生是，宦途不达，讲学终身，未登寿考，志行比较耿介，生活也比较清苦，他身死之日，家属及其门人四出借贷，最后至于卖掉了全部遗书，才能营葬。全祖望的生平如此畸龁，终于成为一代史学巨子，固然是受时代的影响，但更重要的是依靠自己的努力。

清代史学盛于浙东，而浙东言史学者，都以明遗民黄宗羲为不祧之祖。他生长余姚，曾师事刘宗周，屡起兵抗清。晚年主讲鄞县证人书院，高业弟子有鄞人万斯大、斯同兄弟。宗羲鉴于明亡之故，极力提倡读史，尝论：“明人讲学袭语录糟粕，不以六经为根柢，束书而从事于游谈，更滋流弊。故学者必先穷经，然拘执经术，不适于用；欲免迂儒，必兼读

①《鄞县志·人物传》。

史。”[1]他有志纂辑明史，以寄故国之思。所撰文章颇多有关明代史事。《南雷文定凡例》说：“余多叙事之文，……所载多亡国之大夫，……有裨于史事之缺文。……” 此外，他编纂《明儒学案》，历叙明代理学的发展。

继宗羲志事者首推万斯同，他熟读明十五朝实录，几能成诵。清廷开局修明史，斯同以布衣充当了主要顾问。

全祖望私淑黄万，也以采辑明史为职志。他因去明未远，所以通过对耆老的访问，能够得到比较可信的明史资料。如《年谱》说：“先生有族母为冰槎尚书（按即张煌言——引者注）女，……年八十余矣，先生从之问遗事，……后卒成尚书神道第二碑。”再如他到扬州，登梅花岭，凭吊史可法衣冠墓，听到不少遗闻传说，而后写了一篇专叙史可法死事的《梅花岭记》。全祖望所搜集的明史的文字资料是极丰富的。有官方档案，如桂王庚寅所辑的《粤中板授官簿》。有当事人的记录，如张肯堂之孙茂滋所著《余生录》及《蒙难纪言》。有传状，有诗文。至于稗官野史则是多不胜举，单据《鲒埼亭集》所载，即有《国史唯疑》、《勺中志略》等四十余种。这些资料，有的是我们现在能够看到的，有的是已经失传，幸赖全祖望的转述而保留了其中的精华。

全祖望仿黄宗羲的先例，用碑传记序等形式把大量明代史事记录下来。他每写一文，不仅搜罗宏富，而且经过严密的抉择，即如他写张煌言的神道碑，参考了张煌言的全集，综合各种野史所纪，加上他族母的口述，订正了黄宗羲所撰张煌言墓志的疏误。他说：“黄先生作苍翁志，但据《北征录》为蓝本，大段疏漏，不止误以尚书为侍郎也。”[2]他《与赵谷林辨啸台集中纪苍水事迹书》，专门指斥吴农祥所作张煌言传之伪，以为“郢书燕说，混淆信史”。[3]全祖望认为：“明末纪述，自甲申以后，萤光爝火，其时著述者捉影捕风，为失益多。兼之各家秉笔不无所左右袒，虽正人君子或亦有不免者。后学读之如棼丝之不可理。”[4]故而他不遗余力地

①《清史·黄宗羲传》。

②《鲒埼亭集》卷九，《明故权兵部尚书兼翰林院侍讲学士鄞张公神道碑铭》附《旧寄万编修九沙札》。

③《鲒埼亭集外编》卷四十三。

④《鲒埼亭集外编》卷四十三，《与史雪汀论行朝录书》。

进行考核，连对一个人的生卒年岁也不轻易放过，一一驳正各家著述的讹误，经过他所整理的明季文献就比较可信。

浙东学派一贯主张“言性命者必究于史”、“史学所以经世”，但由于所处的时代不同，所以各人的表现也就不同。章学诚曾说：“浙东之学虽源流不异，而所遇不同，故其见于世者，阳明得之为事功，蕺山得之为节义，梨洲得之为隐逸，万氏兄弟得之为经术史裁，授受虽出于一，而面目迥殊，以其各有事事故也。”[①]他们的立身行道有此变化，必然反映在历史研究上。黄宗羲、万斯同处鼎革之际，抱故国之思，都以史学为反清斗争的工具。全祖望虽私淑黄万，然生当乾隆之世，无明亡之痛，且食清之禄，所以他的采集文献，表扬明季“忠臣义士”，乃是为了“崇名教”、“正人心”，并非出于反清复明的民族意识。全祖望遭受当权者的倾挤，贫病终身，又受宋明理学的思想影响，所以他认为凡人的贵贱寿夭都是命所注定，连天对此也是无能为力的。天所操纵的乃是“千百世之是非”，以“华衮斧钺”施人“于盖棺以后”。生前的贵贱寿夭是“一时之祸福”；身后所被的华兖斧钺才是“一定的祸福”。[②]史家的职志就是执行天意，以华兖施颜回，以斧钺施盗跖。为封建统治阶级服务的“名教”、“人伦”，就是行使华兖斧钺的准则。他极力表彰历史上的“忠臣”、“义士”、“孝子”、“烈女”，贬斥历代的“叛臣逆子”。如美新的汉臣扬雄，降金的宋臣张邦昌，降清的明将洪承畴，投明的清臣佟元甲等，都是在他的笔伐之列的。

至于历代的农民起义和农民战争，如明末李自成、张献忠所领导的农民反封建斗争，则都被全祖望污蔑为“盗贼”，为“流寇”，反映出他的阶级本质。尽管全祖望主张历史家不当有“门户之见”，[③]才能写出信史，然而他无法认识和克服自己的阶级偏见，也就不可能写出真正的信史。因此，他尽瘁于明史三十余年，搜集到大量资料，并经过严密考证，而论明亡之故，乃因崇祯帝不与清联合，不得“专力于萑苻”，兵分力弱，以至有煤山之变，宗社为墟。[④]这个论断显然是错误的。明代之亡，是因它本

①《章氏遗书》《文史通义》卷五，《浙东学术》。

②《鲒埼亭集外编》卷四十八，《原命》。

③ 见《鲒琦亭集外编》卷二十九，《汰存录跋》。

④ 见《鲒埼亭集》卷二十九，《明庄烈帝论》。

身的腐朽，是遭受了农民大起义的冲击，这是当时社会矛盾发展的必然结果，绝非由于明廷对清的一时失策，也绝非崇祯皇帝一人所能逆转的。

由上述可见，全祖望对明史的研究是有贡献的，他给后人提供了丰富和比较可信的资料；但因历史条件和阶级地位的限制，决定他不可能对明代的历史作出正确的结论。

全祖望的著作甚富。《鲒埼亭集》三十八卷，内有《明故权兵部尚书兼翰林院侍讲学士鄞张公神道碑铭》、《梨洲先生神道碑文》、《亭林先生神道表》、《二曲先生窆石文》、《陆桴亭先生传》、《万贞文先生传》、《刘继庄传》等有关明清之际史事及清初学术思想的重要文章。《鲒埼亭集外编》五十卷，内除碑传外，多记序题跋，如《梅花岭记》、《钱忠介公全集序》、《跋梨洲先生行朝录》、《题岭表纪年》等，也都是有关明史的文章。他与人的书信中也有讨论史事的，如《奉答陆聚缑编修论三藩纪事帖子》、《与卢玉溪请借钞续表忠记书》等皆是。《鲒埼亭集》正、外编是在作者身后分别刊本的，所以有一文两见等舛误。《经史问答》二十卷，都是作者与人讨论经史古籍的记录，也以精博著称。在最后几年里，全祖望曾补纂黄宗羲及子百家所纂的《宋元学案》，又七校《水经注》，皆钩沉用力，惜均未成书。

章学诚曾总结浙东学术说："梨洲黄氏出蕺山刘氏之门，而开万氏兄弟经史之学，以至全氏祖望辈尚存其意。"①郑性对全祖望说过：当代"知黄氏之学者"，只有你一个人了。②可见浙东后学都奉为继黄万而起的一代宗师。所以梁启超说："黄宗羲、万斯同以一代文献自任"，"其后斯同同县有全祖望，亦私淑宗羲，言文献学者宗焉"。③

二

钱大昕（1728—1804）字晓徵，号辛楣，自署竹汀居士，晚称潜揅老人，江苏嘉定人。乾隆十九年进士，历官内阁中书、翰林院侍讲学士、

①《文史通义》卷五，《浙东学术》。

② 见《鲒埼亭集》卷十一，《梨洲先生神道碑文》。

③《清代学术概论》。

詹事府少詹事、广东学政等。曾被旨修《热河志》、《续文献通考》、《续通志》、《一统志》诸书。秦蕙田纂《五礼通考》，特与商订。钱大昕无意久沉宦海，有志穷经朴学。乾隆四十年丁忧回籍后，遂不复出仕，讲学著述以终。他晚年自题像赞说："官登四品，不为不达；岁开七秩，不为不年；插架图籍，不为不富；研思经史，不为不勤。因病得闲，因拙得安。亦仕亦隐，天之幸民。"[①]正概括了他的一生。

钱大昕的交游很广，都是同时的名流学者。通经服古之风，成了他所处的环境。吴派经学家惠栋、沈彤、江声，皖派经学家戴震、段玉裁、王念孙，史学家邵晋涵、洪亮吉、王鸣盛，校勘学家顾广圻、黄丕烈，桐城文学家方苞、姚鼐，以及达官显宦中的毕沅、秦蕙田、王昶等，都与钱大昕有交谊。他曾与纪昀同修《热河志》，一时"馆中有南钱北纪之目"。[②]大昕弟大昭，从子塘、站，"一门群从，皆治古学，能文章"。[③]

客观的种种有利因素与钱大昕的主观努力相结合，因而他的学问极为淹博，对于经、史、训诂、音韵、地理、算术、氏族、金石等靡不究心，皆能有所发明。段玉裁作《潜揅堂文集》序，称颂他"于儒者应有之艺，无弗习，无弗精"。此说不为过誉。

钱大昕强调读史，以救当时学风之弊。"尝谓自惠戴之学盛行于世，天下学者但治古经，略涉三史，三史以下，茫然不知，得谓之通儒乎！"[④]他的名著《廿二史考异》是"有为而作"的。据自编年谱说，从十八岁起，他就对考证史事发生兴趣。是年"始授徒坞城顾氏，其家颇藏书，案头有《资治通鉴》及不全《二十一史》，晨夕披览，始有尚论千古之志。读东坡戏作贾梁道诗，辄援《晋书》以纠其失。中年见浙中新刊《查注苏诗》，已先我言之。然居士年未弱冠，考据已有与前辈暗合者矣"。从此便开始了《廿二史考异》的著作过程。自序说："余弱冠时好读乙部书，通籍以后尤专斯业，自史汉讫金元，作者廿有二家，反复校勘，虽寒暑疾

---

① 附见《潜揅堂文集》目录。

② 见《竹汀居士年谱》。

③ 见江藩《汉学师承记》卷三，《钱大昕传》。

④ 见江藩《汉学师承记》卷三，《钱大昕传》。

疢，未尝少辍，偶有所得，写于别纸。”[①]四十岁时，始系统编次，“岁有增益，卷帙滋多”，到五十五岁，成书百卷。六十七岁开始校刊，七十岁全部竣事。[②]可见这部书是钱大昕大半生绩学的结晶。

在全书中，以《唐书》和《宋史》部分为最多，兹举后者为例，以说明钱大昕考史的方法及其成就。

他考史的第一步是发现各种记载的矛盾，进而解决这些矛盾。他主要采取以下几种方法：

（一）以不同的版本互校，订正刊本的错误。如监本《宋史·地理志》：“乾德三年，平蜀，得州府四十八。”武英殿本改作四十六。钱大昕说：“以注考之，实四十六州。《五代史·职方考》亦云四十六。”他断定监本是错的。

（二）以本书的纪传表志互校，发现差异，判别是非。如《宋史·太祖纪》：“开宝元年八月，命昭化军节度使李继勋等征北汉。”同书《李继勋传》作“昭义军节度使”。官名纪传异书。钱大昕据当时情况判断，“昭义者，潞州军号。泽潞与北汉接境，故命为前军都部署。纪作昭化者误”。

（三）以其他记载校正本书之误，分类举例如下：

以古籍原本订《宋史》引文之误。如《宋史·天文志》说：“《晋志》以织女渐台辇道皆属太微垣，以河鼓左旗右旗天桴属天市垣。”钱大昕检《晋书·天文志》无三垣之说，因而断定“修《宋史》者不加详考，辄云《晋志》某星属太微垣，某星属天市垣，诬甚矣”。

以同时的分国史互校，以订本书之误。如《宋史·孝宗纪》：“淳熙十五年二月，金遣使蔡克忠等来吊祭。”《金史·交聘表》作蒲察克思。钱大昕认为：“蒲察，女真氏也。当从表。”

据宋人所著的杂史订《宋史》之误。如《真宗纪》：“乾兴元年二月庚子，大赦天下。癸卯，上尊号曰应天尊道钦明仁孝皇帝。”王偁《东都事略》作“二月庚子朔，大赦天下，诏自今中外所上表，咸去称号，群臣请上尊号曰应天尊道钦明仁孝皇帝，从之”。二书所记不同。钱大昕认为

---

①《潜揅堂文集》卷二十四，《廿二史考异序》。

② 参据自序及年谱。

宋真宗尊号原有二十二字，至是诏去尊号，又因群臣之请，才只称八字。《宋史》略去了“诏自今中外上表去称号”一语，便与上文发生抵牾。

据宋人所写的诗文、碑传、笔记以订《宋史》之误。如《洪迈传》谓洪迈卒于淳熙二年，年八十岁。钱大昕认为洪迈《容斋续笔》自称乾道己丑，年四十七。迈既寿至八十，其卒当在嘉泰二年。《宋史》本传必有错误。

以宋代方志校正《宋史》。如《度宗纪》：“咸淳三年六月壬戌，加授吕文德少傅，马光祖参知政事，李廷芝兵部尚书，并职任仍旧。”《景定建康志》：“六月六日，三省同奉御笔，马光祖除参知政事，寻具辞免。再奉御笔，马光祖可依前观文殿学士任旧任。”二者所记不符，钱大昕认为《建康志》出光祖幕僚之笔，较可信，可据以订《度宗纪》之误。

以金石文字校订《宋史》之误。如《外戚传》：“孟忠厚……起复镇海军节度使。”钱大昕见绍兴府城隍庙石刻尚书省牒后题“镇潼军节度使判绍兴军府事孟忠厚”名，镇潼为华州军号，因此他断定《宋史》是错了。

此外，钱大昕还做了一番笺释的工作。如《艺文志》六，兵书类有陶弘景《真人水照》十三卷，钱大昕说：“《唐志》作水镜，宋人避讳（按宋翼祖名敬，敬镜音近——引者注）追改。”《贾黯传》：“以人菌啖之。”钱大昕说：“菌读如矢，《说文》‘菌粪也’。”《王巩传》：“登魋山，吹笛饮酒。”钱大昕说：“魋山本桓山，史家避讳（按宋钦宗名桓——引者注）改。”

他又补苴了《宋史》的一些阙漏，如补列传失书的诸臣年寿有寇准、欧阳修、张载、韩世忠、陆九渊等七十余人。

对体例的失当处也有所论列。

综观钱大昕著《廿二史考异》，对二十二部卷帙浩繁的史籍做了一次系统的细密的考证工作，校订了很多传写和刊刻上的讹伪，驳正了不少注释者的舛错，并勘出了各史家的疏漏，给后来的读史者以很大的帮助。自序说：“廿二家之书，文字烦多，义例纷纠。舆地则今昔异名，侨居殊所；职官则沿革迭代，冗要逐时。欲其条理贯串，了如指掌，良非易事。”这是他耗费了几十年心血的结果。

钱大昕考史的精神是值得后人发扬的。

第一，他能够持之以恒，不中道而废，几十年如一日。他曾笑宋人读司马光《资治通鉴》，未尽十纸，已欠伸思睡。正因为钱大昕愿意长期努力，认真细读数量十倍于《资治通鉴》以上的廿二史，还参考了大量其他书籍，单以《宋史》为例，他引用六十余种书与《宋史》相对勘，以后他作《诸史拾遗》时，补订《宋史》九十条，又增加了二十多种参考书。这种“用心专而为日久”的治学精神是值得后人取法的。

第二，他不剿袭他人成果，不以诋诃古人为猎名的手段。《廿二史考异》自序说：“间与前人暗合者，削而去之。或得于同学启示，亦必标其姓名。郭象、何法盛之事，盖深耻之也。”又说：“世之考古者，拾班范之一言，摘沈萧之数简，……驰骋笔墨，夸曜凡庸，余所不能效也。”他不盲从，也不固执已见。王鸣盛见大昕所著书有驳顾炎武、胡渭等清初诸大师之处，以为冒犯前哲，特贻书相规劝。大昕不以为然，复信说：“愚以为学问乃千秋事，订讹规过，非以訾毁前人，实以嘉惠后学。”①他《与梁耀北论史记书三》说：“仆于读史，择善而从，非敢固执已见。”②钱大昕考史的态度是极为严肃的。他言必成理，事必举证，举证必先抉择。例如他考证历史人物的先代世系，从不引证家谱，因为颜师古早就说过，“私谱之文，出于闾巷，家自为说，事非经典，苟引先贤，妄相假托，无所取信，宁足据乎！”③这种“实事求是”的精神也是我们所当借镜的。

但是，在《廿二史考异》中也流露出钱大昕的陈腐观点。例如，《宋史·宰辅表》：“(景定)三年九月辛未，资政殿学士沈炎薨。”钱大昕拘执于大夫书卒的“春秋大义”，认为“此书薨，误也”。这是很无谓的。

钱大昕著作等身，除《廿二史考异》外，有《潜揅堂诗文集》、《十驾斋养新录》及《养新余录》、《补元史氏族表》、《补元史艺文志》、《元诗纪事》、《金石文跋尾》、《三史拾遗》、《诸史拾遗》等多种。

《十驾斋养新录》廿卷是他的读书札记，略仿顾炎武《日知录》体例，对经学、小学、史学，官制、地理、姓氏、典籍、金石、词章、术

---

①《潜揅堂文集》卷三十五，《答王西庄书》。

② 见《潜揅堂文集》卷三十四。

③ 见《十驾斋养新录》卷十二，《家谱不可信》。

数、儒术等都有精密的考证。阮元誉之为："凡此所著，皆精确中正之论，即琐言剩义，非贯通原本者不能，譬之折杖一枝，非邓林之大不能有也。"①钱大昕于七十二岁时编定是书，于七十六岁时始付枣梨。后有所得，续为《养新余录》三卷。

《三史拾遗》及《诸史拾遗》各五卷乃是《廿二史考异》的续作。大昕死后，由其门人李赓芸编集刊行。因未经大昕手定，故有的与《养新录》相重出。

钱大昕补苴《元史》的著作，也有一定的价值。

清代学者对钱大昕的学问评价很高。皖派大师戴震对同时学者多所訾议，独推重大昕，以为当代第二人。盖震自负为第一人。其实，如以戴、钱的学术相比，戴识见精审，独创一派，斯在钱上；至于博洽渊深，特别是对于史学的研究，则犹稍逊色。

钱大昕同时的考史家不少，王鸣盛著《十七史商榷》，赵翼著《廿二史札记》，都很著名。他们对纪传较用功夫，对志表则稍疏略，对文字、训诂、音韵、术数等学科，也缺乏精深的研究。因而都不及钱大昕的功绩之巨。至于洪亮吉著《东晋疆域志》等，则是限于对局部史事的补苴，都不及大昕贯通。故论乾嘉时代的考史家，当以大昕为代表。

三

章学诚（1738—1801）字实斋，号少岩，浙江会稽人，弱冠便好读史，能列举其中利病得失，曾寓居北京，依内阁学士朱筠。筠多藏书，好宾客，戴震、邵晋涵、洪亮吉辈都居门下。学诚因得遍览群籍，结交名流，学大进，也从此知名。乾隆四十一年，举顺天乡试。明年成进士。历主保定莲池书院等讲席。纂修《和州志》、《永清县志》、《亳州志》等方志。五十三岁时，往依湖广总督毕沅，助编《续资治通鉴》，又主修《湖北通志》，并成《常德府志》。晚年目盲，仍著作不辍，口授他人代书。卒年六十四。

---

① 阮元《十驾斋养新录序》。

学诚所著书由刘翰恰合刻为《章氏遗书》，其中以《文史通义》为学诚最主要的著作。全书分内外篇，内篇五卷泛论文史，外篇三卷专谈方志。另有《校雠通义》三卷，讨论甄别书籍部次条别的义例，可与《文史通义》相发明。

章学诚比全祖望、钱大昕都稍后起。这时候，惠戴二派大倡通经服古，把大批学者束缚在三代秦汉的小天地里，知古而不知今。钱大昕提倡读二十二史，开拓了考证的领域，一时考史者如蜂而起，对历代史籍，有擘绩补苴之功，但又以此“为尽天地之能事”，知纂辑而不知撰述。[①]从黄宗羲一直到全祖望的“文献学”，囿于明代国史的范围，到此也成了强弩之末。章学诚应时而起，大论作史的原理和体例，尤尽力纂修方志，把史学推向前进了一步。

章学诚认为史学是经世的工具，经学就是史学。他引证孔子所说：“我欲托之空言，不如见诸行事之深切著明也。”这是孔子作《春秋》的目的。《诗》、《书》、《礼》、《乐》、《易》也都是“先王之政典”，“三代学术知有史而不知有经”，“六经皆史也”。“后人贵经术以其即三代之史耳。”[②]章学诚的这番议论是针对着惠戴学派的尊经而不读史的偏向而发的。这在当时是进步的。第一，章学诚强调学问所以经世，反对当时不少人所奉行的“为学问而学问”的错误方向，无疑是正确的。第二，“六经皆史”之说尽管有它的片面性，然而从扩大史料范围的角度来看是有意义的。

章学诚不仅提出六经皆史，而且认为“盈天地间，凡涉著作之林，皆是史学”。[③]依他之见，一切文字资料都是历史家研究和采集的对象。史料的范围扩大了，原来的作史体例也必须相应改变，于是章学诚大胆提出了“史为例拘，当求无例之始”的意见。所谓“无例之始”，乃指“《尚书》因事命篇，本无成法”。就是说作史是根据内容来确定形式的，而不能把形式来限制内容。他说：“纪传行之千有余年，学者相承，殆如夏葛冬裘，渴饮饥食，无更易矣。然无别识心裁可以传世行远之具，而斤斤如科举之程式，不敢稍变；如治胥吏之簿书，繁不可删。……曷不思所以变

① 见《文史通义》卷二，《博约中》。

② 参据《文史通义》卷一，《易教上》；卷五，《浙东学术》。

③ 见《章氏遗书》，《报孙渊如书》。

通之道欤？”因此，他打算“创立新裁，疏别条目，较古今之述作，定一书之规模”，[①]所谓“载诸空言，不如见诸实事”。章学诚本想重修《宋史》，因格于当时“功令”，不能实现，遂致力于方志。

方志之作，由来已久，如唐李吉甫《元和郡县志》、宋范成大《吴郡志》等皆是。到了清代康雍乾嘉之际，各省府州县普遍设局修志。对于纂修方志，当时存在着一连串的问题：一是方志的概念问题，时人都以方志归诸地理，纪昀纂《四库全书》，即以方志入地理类。二是方志的内容问题，当时学者如戴震等都认为，“夫志以考地理，但悉心于地理沿革，则志事已竟”，不必“侈言文献”。[②]三是方志的体例问题，究应怎样编纂方志？章学诚一一提出了解决这些问题的创见，为“方志学”的发展开拓了宽广的道路。

章学诚认为“志乃史体”，[③]国史之与方志，犹《春秋》之与百国宝书。国史综纪一国，方志专载一方，就是这样区分的。方志既归历史，则不当“但重沿革，而文献非其所急”。经过剧烈辩论之后，他的这些见解才逐渐为时人所接受。

关于修志体例，章学诚总结前人作史的经验，提出了“三家之学”的理论与“三书并立”的方案。他说：“六经皆史也。后世袭用而莫之或废者，惟《春秋》、《诗》、《礼》三家之流别耳。纪传正史，《春秋》之流别也；掌故典要，官礼之流别也；文征诸选，风诗之流别也。……马史班书以来，已演《春秋》之绪矣；刘氏《政典》、杜氏《通典》，始演官礼之绪焉；吕氏《文鉴》、苏氏《文类》，始演风诗之绪焉；并取括代为书，互相资证。”[④]由此他主张把方志分为三书：一“通志”（包括大事记及人物），二“掌故”（典章制度），三“文征”（有史料价值的诗文）。三者之外别为“丛谈”。这样就大大地丰富了方志的内容，使国史不能容纳的大量史料得在方志中保留下来。

学诚也重视考证，强调史家必须言之有征，“是故文献未集，则搜罗

---

① 以上并见《文史通义》卷一，《书教下》。

② 见《文史通义》卷八，《与戴东原论修志》。

③ 见《文史通义》卷八，《答甄秀才论修志第一书》。

④ 见《文史通义》卷八，《答甄秀才论修志第一书》。

资访，不易为功。……及其纷然杂陈，则贵抉择去取”。[①]但是，他反对风靡一时的为考据而考据的偏向。

章学诚的最杰出之点，是他的“史学所以经世”的思想，这是从和惠戴学派的斗争中成长起来的。原来，清初顾炎武、黄宗羲并为一代大师，虽宗尚异趣，但都谈经世致用，他们之间互相推服，不立门户。顾炎武见到了黄宗羲的名著《明夷待访录》，曾盛赞为“三代之治可复”。乾隆之世，惠戴并起，推阐顾炎武“理学即经学”之说，大倡尊古博文，隆汉而抑宋，一时学者从风，共尊炎武为“开国儒宗”而黄学稍晦。全祖望承黄万宗传，而兼祀炎武，不与惠戴立异，惠戴学者也重视他的考据之功。因此浙东学派还没有与吴皖经师割席。等到章学诚出，始如异军特起，鸣鼓扬旍与惠戴相角胜。他曾嘲笑惠戴学者宗顾而“不知同时有黄梨洲氏出于浙东，虽与顾氏并峙，而上宗王刘，下开二万，较之顾氏，源远而流长矣”。他曾比较浙东史学与吴皖经学，认为各有特点，“浙东贵专家，浙西尚博雅”，但以浙东为优。他说：“圣如孔子，言为天铎，犹且不以空言制胜，况他人乎！故善言天人性命未有不切于人事者。三代学术知有史而不知有经，切人事也。后人贵经术以其即三代之史耳。近儒谈经，似于人事之外别有所谓义理矣。浙东之学，言性命者必究于史，此其所以卓也。”[②]乾隆三十八年，章学诚遇戴震于宁波，议论不合。时震“名久著于公卿间”，对学诚盛气相凌，学诚也兀傲不屈。学诚事后撰文说：“戴君经术淹贯，……而不解史学。”[③]对钱大昕等的考史工作，在章学诚看来也不是史学。他说：“史学所以经世”，“整辑排比谓之史纂，参互搜讨谓之史考，皆非史学。”[④]在当时来说，章学诚能够这样指出史学与政治的关系，强调学术不能脱离人事，反对惠戴学者的脱离政治、脱离实践的偏向，确属陈义甚高，难能可贵。

时人曾把章学诚比唐代评史家刘知几，学诚以为“刘言史法，吾言

---

① 见《章氏遗书》，《与陈观民论湖北通志书》。

② 以上并引《文史通义》卷五，《浙东学术》。

③ 见《文史通义》卷八，《与戴东原论修志》。

④ 以上并引《文史通义》卷五，《浙东学术》。

史意，……截然分途，不相入也”。[1]章学诚的史学思想比刘知几更进步。

在章学诚的著作中也夹带着不少糟粕。如他反对在方志中叙述帝王，以“严名分”。他修《永清县志》，列《皇言》一目，但不收明以前的帝王谕旨，认为必须“内本朝而外异代”。这些都反映了他的陈腐的观点。这是可以从当时的历史条件和章学诚的阶级地位得到解释的。

* * *

在乾嘉时代，史学界主要进行了三大工作，一是纂辑明史；二是整理古籍；三是编修方志。全、钱、章三大家继清初诸大师而起，分别担当了这些工作的主将，启发了同时的学者。全注重收集文献；钱专事擘绩补苴，章高谈义例，昌言经世，各有所长，不能相掩。自是而后，言明代文献者多以全为宗师。唐鉴著《清学案小识》，徐世昌编《清儒学案》，也都是继承黄全编纂宋元明三朝儒学案的遗绪。考史之风盛于三吴，当推钱大昕提倡之功。至于言方志者，莫不以《章氏遗书》为准绳。总之，在中国史学史上，乾嘉一代的影响是不可磨灭的。

原载《江海学刊》1962年第1期

① 见《章氏遗书》，《家书二》。

帝党与戊戌变法

一、帝后党争的由来

在第二次鸦片战争之后，以西太后为首的满洲贵族掌握了清朝的中央政权，以后逐渐形成了一个极端顽固腐朽的封建统治集团——“后党”。当时西太后面临着外国资本主义侵略和太平天国农民革命的双重威胁，她的反动的阶级本质决定她施行反动的内外政策，对外投降外国侵略者，对内勾结曾、左、李等汉族军阀，中外“合作”，镇压太平天国革命。封建地主和资产阶级的史学家所歌颂的“同治中兴”，实质就是清政府行使这种反动政策的结局。“同治中兴”后的后党统治发生新危机，内则西太后与恭亲王奕䜣争权，外则曾、左、李等军阀势力尾大不掉。为了加强“寡妇孤儿”的宫廷集权，后党有意利用“言路清议”，以为“整顿纪纲”的工具。这就给“清流”以抬头的机会。

“清流”是封建统治阶级中的不当权派，中小官僚、文人、名士是它的主要成员。他们从封建统治和自身的利益出发，对外呐喊反抗外国侵略；对内攻击某些当权人物的腐朽。这是民族矛盾、阶级矛盾在封建统治阶级内部的反映。在民族危机日益深重的岁月里，他们的“清议”在客观上具有微弱的进步性，因而能够博取时誉，有“清流”之目。“清流”的社会地位决定他们虽反对当权派，却又依附当权派，他们虽然与当权派有矛盾，但有时又为当权派所利用，他们所以成为“清流”，取得了一定的政治地位，一半也是当权派捧场的结果。

由于派系分歧和出现时间的早晚不同，“清流”有前后两辈之别；前辈以尚书李鸿藻为首，张之洞、张佩纶、黄体芳、陈宝琛等称其中之“杰”；后辈奉同、光两朝的帝师翁同龢为魁，盛昱、王仁堪、文廷式、黄绍箕、丁立钧、张謇等都是其中的骨干。后辈的社会地位较低，又多两江浙闽人士，与资本主义的经济文化较有联系，较前辈稍为激进。前后“清流”之间，既有父子、师友等社会渊源，又因党同恶异而相互倾轧。前后“清流”内部的政见、风格也并不一致，以前“清流”为例，黄体芳是“贤良方正”之流，而张之洞乃是投机取巧的角色。

后党与前后“清流”的相互利用而又相互矛盾的关系，分别表现为两个阶段。在同、光之交，后党利用前“清流”的“清议”，以为控驭“中兴功勋”、加强深宫集权的工具。张之洞、张佩纶、黄体芳、于荫霖等被称为“翰林四谏”，他们反对外交上的卖国，指斥内政中的腐朽，煊赫一时。这固然是中国社会半殖民地化加深中的产物，也是后党利用他们的结果。后党在利用“清流”的过程中，不能不略给他们一些权力和地位，但一朝与他们发生权力冲突时，又把他们一脚踢开。张佩纶、陈宝琛等都在中法战争中，以“战败”遭谴，成了西太后与奕䜣争权的牺牲品，前“清流”从此解体。后“清流”在不同情况下蹈了前“清流”的覆辙。先是后党利用后“清流”的“舆论”，于中法战争时推倒了奕䜣以及依附奕䜣的前“清流”诸人，达到直接操纵政府的目的，[1]以后后党又厌恶后“清流”的“清议”咄咄逼人，对自己的腐朽统治不利，而加以打击。光绪十五年（1889年），太和门失火，后“清流”疏参神机营“救护不力”，积怒的后党权贵益愤不可忍，于是王仁堪、盛昱等或被逐外任，或“以故休致”。[2]这个事件加深了封建统治阶级内部的当权派与不当权派之间的矛盾。就从这时起，光绪皇帝“亲政”，宫廷内部也存在实际当权的太后与名义执政的皇帝之间的矛盾，太后倾向腐朽，皇帝倾向开明，后“清流”以拥帝相标榜，遂形成了“帝党”，从此出现了牵缠清代末叶的“帝后党争”。随着中国社会半殖民地化的日益加深与封建统治阶级的不断分化，不满后党腐朽统治的士大夫日益增多，这就扩张了帝党的声势，帝后党争也日益剧烈。

帝后党争的核心是争夺政权，也反映出两派不同的政治主张，集中

① 参阅拙作《从奕䜣出入军机看前后“清流”的悲剧》，《光明日报》1963年6月22日。

② 参见王孝绳等：《王苏州年谱》及杨钟义：《意园事略》。王仁堪殁于苏州知府任。盛昱别署意园。

在对待日益严重的民族危机的态度上。在半殖民地的中国，帝国主义处于支配的地位，封建统治阶级内部的当权派总是与帝国主义有千丝万缕的联系，总是执行投降外交政策。后党曾经在中法战争时“主战”，反对奕䜣“主和”，这不过是与政敌争权的姿态。等到推倒奕䜣之后，后党便回复了一贯“主和”的原形。帝党从维护清朝封建统治较长远的利益出发，向往“康、乾之治”，要求反抗列强蚕食，不满后党的苟安妥协。因此帝后之争，往往表现为和战之争。

帝党当然不认识帝国主义的侵略本质，从他们看来，当时民族危机的根源是由于“内政不修”。他们当然也不认识这是反映封建政权的腐朽，而片面地认为是因缺乏“忠义干济”的人才，遂以“延揽新进”为救时的要务。政权和军权被后党紧抓着，帝党有隙可乘的是主持科举。于是通过考试，翁同龢等帝党首脑有意拔擢文廷式、张謇等人，通籍京都，入居词馆，成为帝党的主要策士。

1894年发生的中日战争，把帝后党争推到了高潮。帝党主战，后党主和，两派的和战之争，正是帝后争权的反映。帝党的社会地位决定他们对后党的斗争极为软弱。他们脱离人民，虽然反对后党，却又不敢与后党决裂，自光绪皇帝以下，莫不屈服于西太后的权力，这就注定了帝党的失败。所以在中日战争中，帝党所要求实现的黜陟将帅、改组政府、阻止议和等反对后党投降路线的主张，都成为空想，还遭受后党反诬，被加上了“主战误国”的“罪名”。中日战争也就在帝党怯懦的怨声中告终。

截至中日甲午战争结束以前的帝后党争，乃是封建统治阶级内部的当权派与不当权派之间的斗争。两派比较起来，帝党稍为开明，特别是它们主张抵抗帝国主义的进攻，虽然无济于事，然而不能够否认这种言论举动在当时具有一定的进步倾向；帝党首脑翁同龢等“吐哺握发”、“宏奖风流”，也给新兴的资产阶级维新派人以“游说公卿”，掀起变法运动的机会。

二、帝党的维新倾向

中日甲午战争是近代中国历史的转折点，一方面，开始了帝国主义列强瓜分中国的狂潮；另一方面，激起了中国人民救亡运动的高涨。战后资产阶级维新派打着“变法图强”的旗帜，走上政治舞台，帝党从维护清朝统治出发，也在探寻“富国强兵”的途径。

在中日甲午战争之前，帝党力图在封建主义的小天地内，为清朝祈求延命的灵丹。光绪皇帝、翁同龢等都幻想从古圣先贤的故纸堆中，找寻“救时”的“真理”。他们对西方的资本主义“文明”，抱有不同程度的抗拒性。盛昱曾著论反对修筑铁路。[①]张謇也从维持“织妇之利”的保守观念出发，劝阻盛宣怀在通州开办纱厂。[②]

中日甲午战争后，由于对日战争失败与马关条约签订的刺激；资产阶级维新运动兴起的影响；英、美等某些帝国主义国家又别有用心地吆喝清政府进行“变法”；赔款、还债等导致清政府的财政困难；海陆军事瓦解后的练兵急务，这一切都迫使帝党中人不得不带着陈旧的脑筋而走向“学习西方”的道路。战后，翁同龢“锐意变法”。[③]翁门主要谋士沈曾植劝同龢开学堂、设银行。某些帝党和接近帝党的人，纷纷投身实业，兴办学校。如张謇、费念慈、杨宗濂等经营纱厂，何嗣焜创办南洋公学等皆是。在当时的历史条件下，这种转变是进步的。

在这个历史的转变关头，帝党人物的思想变化是不平衡的，一般地说，上层比较保守，下层比较敏捷。处于帝党下层，较有政治头脑的张謇是代表跑在前头的一个，分析张謇当时的思想，可以估价帝党“学西方”的水平还是很有限的。

光绪二十一年（1895 年），中日战争结束，戊戌变法开始酝酿。这时，张謇发起筹备通州纱厂，“以开风气而保利权”。[④]二十三年，他倡议仿西方国家之例，成立商会、农会。同年，又怂恿两江总督刘坤一筹办明算、方言两小学堂。经元善等在上海创办中国第一个女子学校，张謇也有赞助之功。他读了汪康年、梁启超所办《时务报》，拊掌称快，以为“官

---

①《书铁路述略后》，《意园文略》，卷 1。

②《大生纱厂第一次股东会之报告》，《实业文钞》，卷 I。

③《康南海自编年谱》。

④《为纱厂致两湖张督部函》，《张季子九录・实业录》，卷 1。

民之情不通，天下事无可为者”。[①]这些都是张謇在中日战争后，要求发展资本主义的经济文化，而且在政治上有一定“民主”倾向的事实。从这些内容看来，当时帝党某些人物的思想与康、梁的资产阶级改良主义是相当接近的。

但是，帝党在踏上资本主义这条陌生道路时，是踟蹰不前的。仍以张謇为例：

首先，对发展资本主义经济，张謇紧靠着刘坤一、张之洞等洋务派官僚盘旋，事事仰承官府鼻息. 在大生纱厂筹备之际，他把通沪商人反对官股参加、反对官派委员的斗争当作“心腹大患”,[②]抱定扬官抑商的主意，宁愿失掉商股，不愿拒绝领用官机。所以张謇所办的资本主义企业，虽系“商办”性质，但对官府有严重的依赖性，陆润庠、费念慈经营苏州的经、纶二厂，杨宗濂兄弟经营无锡的业勤纱厂，也都有类似的情况。

再从接受资本主义的文化来说，张謇和其他帝党人物一样，跳不出封建士大夫的“中学为体，西学为用”的圈子。他说：

> 今外夷之所谓政治、律例、公法、格致、植物、农、商，医、化、重、电、光、汽之学，其法骇荡耳目，而其意常与三代秦汉圣人贤豪之言往往而合。謇尝欲得渊颖有志识之士数十辈，端本经训，而各专一二家之言，以待世变而应天下之所乏。[③]

至于对待“民主”与“君主”之争，张謇是袒护“君主”的。他说：

> 人人言宜伸民权，而海内名人自南皮以下尚言须保君权，……是以为所恶于君权者，官毒害之也。欲保君权，须先去官毒，官毒不借君权不横，而二事实不相关。[④]

①《张謇致汪康年、梁启超书》，上海图书馆藏原件。
②《张謇致恽祖祁书》，王益知先生藏照片。
③《江生祖母七十寿序》，《张季子九录·文录》，卷10。
④《张謇致汪康年书》，上海图书馆藏原件。

按照张謇的逻辑，有些东西是万古常青、永恒不变的。封建的君主专制制度不变，孔孟之道的“经训”不变。他打算在分毫不触动封建统治的基础上，依靠原有的封建政权，延揽人才，发展一些资本主义的经济和文化，这就是中国的“富强”之道。他虽然赞成通“官民之情”，但是他所说的“民”，实际是指一些忠于君主专制制度的地主豪绅而已。至于被康、梁等人所宣扬的变法的核心——“立宪”，这在当时的张謇头脑里，还找不到半点影子。张謇的这种思想，正是一个开始向资产阶级转化的封建士大夫的思想，代表着当时帝党人物思想的最高限度。以后由翁同龢所起草的、标志“百日维新”启幕的“明定国是”谕旨，实际就是这种思想的集中反映。

翁同龢对“西方”的理解更为有限。只须翻一下他在中日甲午战后几年的日记，便可看到他所谈论的“新法”，不外是开办铁路、银行、矿务、练兵、学校等项目，没有接触到关于政治制度的改革。他所翻检的政治课本，仍然是《资治通鉴》一类的古书。一直到戊戌变法失败的后一年，翁同龢幽居林下，表面不问世事，实际他仍心系魏阙，注视时局的发展，偶读《淮南子·精神训》，忽有感触，在日记上写道：“其言变法而不知何由变，最切于时事”，①可见他直到这时还不懂得怎样变法。以后同龢临终自挽：“朝闻道，夕死可矣。”他到死所闻的“道”，实际还是古代的“孔圣人”的封建正统之“道”，而非当世的“康圣人”的资产阶级改良主义之“道”。

帝党的活动家之一文廷式，在光绪二十三年自言还没有找到变法的具体方案，反对“亟亟变法”，实际是怀疑康梁的变法主张。他说：

> 西法有极美者，亦有未尽善者，亦有因其国之旧俗而不得不然者，两三年来，海内言治者，皆知中国积弊极深，不可不速变法。顾如医者知病之笃，而论脉则工，立方则多不能洞中肯綮也。然病之深，命在旦夕，而求药非三年七年不得，岂能蕲其愈哉！善治病者有能延顷刻之命，以待三年七年之药，则

①《翁文恭日记》第38册，第44页。

可与言今日之治法矣。徒欲亟亟变法者，犹非国手之弈也。其延顷刻之命奈何？曰：明于各国之大势，明于五洲之性情；明于吾今日受病之处，与他日病愈之效，则可与言救急方矣。吾观天下未遇其人也。①

他对“西学”的理解，是“中学为体，西学为用”的另一种说法，也与康、梁的理解“西学”为“新学”者异趣。

心思神识之用，释迦之学尽之，耳目官骸之用，今西人格致之学尽之，然其端皆莫先于中国，所谓物生于东，而成于西也。②

以上又说明当时帝党与资产阶级维新派的思想还是有相当距离的。

总之，在中日甲午战后，帝党虽有维新的倾向，但是他们比资产阶级维新派保守，所以只能够在戊戌变法的运动中充当维新派的配角，而且有时还拖维新派的后腿，这是有他们的阶级根源和思想根源的。

三、帝后党争与“新旧之争”的结合

中日甲午战后，帝党和维新派在反对后党、掀起变法运动的斗争中结成了联盟，这是有种种原因的。第一，如上所述，两派的社会基础和政治主张比较接近，又有变法和反对后党的共同目标。第二，两派各有相互利用的需要，帝党利用维新派反对后党的勇气和变法的干材及其社会影响，维新派利用帝党的政治地位做进身之阶，康有为曾把翁同龢与自己的关系比作萧何之与韩信，是很能够说明两派之间关系的。第三，在中日战前和战时，在反对后党投降主义的斗争中，康、梁与盛、文、沈、张等帝党中人早已结下密切的关系，这种关系到战后更进了一步。从此，帝后党争便与“新旧之争”相结合。

①《罗宵山人醉语》，据钱仲联：《文廷式年谱》（稿本）。
②《罗宵山人醉语》，据钱仲联：《文廷式年谱》（稿本）。

光绪二十一年六月，帝党与维新派合力利用马关条约签订后全国的民愤，把一贯坚持对日投降、阻挠新政的后党大臣孙毓汶、徐用仪先后逐出军机处。这事促进了变法运动。是年七月，帝党活动分子文廷式、丁立钧、沈曾植、沈曾桐等与康、梁开强学会于北京。十月，帝党黄绍箕等又与康有为开强学会于上海，张謇也应邀参加。

后党阴谋反击。同年十月，帝党大臣汪鸣銮、长麟突以“离间两宫”之罪被革职。同月二十一日，侍郎李文田于临终之前，执手密告文廷式：李鸿章与李莲英“日日相见，图变朝局”。[①]这种不测风云的宦海波澜和宫廷秘闻，都是变法运动受挫的预告。果然在是年十二月，强学会遭后党爪牙杨崇伊的弹劾而被封闭，海内“渐讳新政”，[②]变法声浪一度低沉。

后党的第一手是打击帝党魁首也是变法的主持者翁同龢：首先罢毓庆宫入直，使他失去向皇帝“造膝独对”的机会。继而驱逐文廷式，外任丁立钧，以削去他的羽翼。张謇也是在被排挤之列的。他的“日记”说：

> 光绪二十二年四月八日，闻二月李鸿章临使俄时请见慈宁，折列五十七人，请禁勿用，第一即文道希。李出京而御史杨崇伊抨弹道希之疏入矣。
>
> ……告者曰：“五十七人中，子名殊不后。”

这时京都朝士中已经有人预见“钩党之祸，近在眉睫”。[③]后党对翁同龢的进一步打击，是使他在军机处孤立。自从孙徐被逐后，军机大臣之中，分别站在帝后两个极端的，是翁同龢与刚毅。礼王世铎与钱应溥都是“委蛇奉公”，无所“偏党”。恭王奕䜣与李鸿藻既阻挠变法，又反对后党。他们曾联翁逐走孙、徐，而又忌翁在毓庆宫独对。在帝党和维新派看来，恭、李虽头脑陈腐，但“尚知大义”，[④]可与联合。光绪二十三年春间，李鸿藻身患重病，后党找到机会，由刚毅力荐孙毓汶再入军机，以便和他

---

①《闻尘偶记》。

②《康南海自编年谱》。

③ 叶昌炽：《缘督庐日记钞》。

④ 梁启超：《戊戌政变记》。

"房谋杜断"，狼狈为奸，结果没有达到目的。奕䜣则被西太后软禁在颐和园月余，从此噤如寒蝉，不敢枝梧。①

光绪二十四年春间，后党又利用言路，弹劾翁同龢"误国"、"纳赂"等罪状，以为逐他的张本。翁同龢的地位阢陧，牵动变法的命运。正在这时，变法运动已因帝国主义瓜分中国的刺激而到了高潮。

四、"百日维新"前后的帝党

在"百日维新"前夕，翁同龢身居中枢，主持变法。文廷式等人已经被迫在野，只能为变法呐喊助威，江南是他们活动的主要据点。张謇则因参加翰林院散馆试入京，而碰上变法的高潮，充当了翁门的智囊。

这时，帝党面临两大难题。一是外交问题。自从德占胶州湾，俄占旅顺、大连湾，英占威海卫，法占广州湾等事变接续发生后，身兼总署堂官的翁同龢挽救无术，被众谴责为误国的祸首。二是财政问题。中日战后，清政府因偿赔款而百计敛财，于光绪二十四年春间实行的昭信股票和药牙、铺税，尤为民害，一时怨声载道，翁同龢身任户部尚书也无可逃咎。这时的后党反而悠闲。它以李鸿章为桥梁，以"中俄密约"为纽带，把屁股紧坐在俄国的怀抱里，坚持对外投降的政策，把两手紧抓住政权和军权，坚持对内压榨的政策。后党冷眼看着帝党君臣对内政外交的焦头烂额，而掩口窃笑。

帝党和维新派异口同声地呼喊变法是当时中国的唯一出路。但是依靠什么力量进行变法呢？依靠什么力量招架帝国主义列强，特别是当时锋芒逼人的俄德法集团的屠刀呢？他们的答案同样是错误的。帝党和维新派同样不依靠广大人民的力量和帝国主义斗争，而在"拒俄变法"的口号下，钻进了英、日帝国主义的圈套，幻想依靠英、日的帮助，实现变法，

① 汪大燮：《致莨破六兄妹倩书》，王益知先生藏钞件。汪时为张荫桓西席，所闻如此。其略云："附闻近事敬则，幸勿告人，亦可见时事之难也。……高阳病中风，虽不至死，但恐成瘫痪，恐不能出，而刚独在上前举济宁，亦是逢迎西意。"……恭邸自春间在颐和园幽禁月余；已经丧胆。"高阳指李鸿藻，济宁指孙毓汶。

使中国富强。

光绪二十四年三月，梁启超、麦孟华等康门弟子在北京伏阙上书，要求联结英、日。[1]闰三月，帝党名流文廷式、志钧等，在上海和日本领事小田切以“同洲兴亚”为名，组织亚细亚协会。张謇也参预其事。亚细亚协会，本名兴亚会，是日本侵华的特务组织之一。小田切是这个组织的骨干，这时以支持中国维新的姿态出现，在《张謇日记》上，有一条触目惊心的记载。

> 光绪二十四年闰三月七日，道希（文廷式）、眉孙（何嗣焜）、太夷（郑孝胥）约同会小田七万之助于郑陶斋（郑观应）寓。日人以甲午之役，有毫毛之利，启唇齿之寒，悔而图效，亟连中、英，又以为政府不足鞭策，为联络中国士大夫振兴亚细亚协会之举，盖彻土未雨之思，同舟遇风之惧也，独中朝大官昏昏然徒事媕婀耳！预会者凡二十人，日人言则甘矣，须观其后。

甲午战争的鲜血未干，日本帝国主义正对中国磨牙欲噬，忽然“悔过”，伸出“友好”之手，真是摇身一变，魔鬼成了美人，无怪乎张謇疑信参半。历史证明，帝国主义的侵略本性是不变的。装“亲善”，假“和平”，不过是它们惯用的笑里藏刀之计。如果有人与帝国主义交欢，如同与老虎拥抱，这是无比的愚蠢，其结果只能被帝国主义所愚弄和利用。在“百日维新”的前夜，帝党和维新派已经选中了这条错误和危险的道路。

是年闰三月的中旬，张謇从上海到了北京，即忙于助翁同龢整顿税务，策划变法。翁、张的日记可以参证。

《张謇日记》：

> 二十六日，与虞山师笺，言间架税铺税甚于昭信股票之弊。
>
> 四月一日，见虞山师，知户部亦因言官纠劾，请停间架税。

①《梁任公年谱长编初稿》。

因请电传各督抚，缓则民间必有受州县书差之害者。师立时命舆至户部曰：“改过不悋，我不以无需贼事也。”

三日，上虞山标本急策曰，商、工、农。

十三日，作《留昭信票款于各省办农工商务奏》并请免宁属米、粮捐。

十四日，作《农会议》、《海门社仓滋事略》。

二十日，虞山师招谈，知江北米粮捐已停。

《翁文恭公日记》：

四月朔，张季直殿元服阕来散馆，晤谈，知江北布纱局及盐滩荒地两事，皆伊所创也。

十八日，看张季直诸种说帖，大旨办江北花布，欲办认捐及减税二端，又欲立农务会，又海门因积谷滋事，欲重惩阻挠者。此君的是霸才。

二十日，晚约张季直小饮，直谈至暮，毕竟奇材。

统观张謇为翁策划的内容，没有超出他近年在通、海实践的范围，而以“农工商标本急策”为总纲。他所说的“农”是听绅民召佃垦荒，“成集公司用机器垦种”。“工”是奖励和推广工艺。“商”是发展工业，官助商办，减免捐税。张謇以为“大本在农而入手在商”“皆今日万不可缓之图，故称“标本急策”。这篇文章概括了当时张謇的“实业救国”思想，也就是某些封建士大夫的变法思想，即在不触动封建制度的基础上，依靠原有的封建政权，发展资本主义的工业和农业。其实这些话康有为早在公车上书时就说过，但是康有为同时提出的令海内举“议郎”的国会雏形，张謇却从未与翁说及，这表明当时的帝党中人并无实行资产阶级民主政治的要求。张謇的这些主张，博得了翁同龢的一再称赏，正表示他们对变法的观点相同。

一个偶然事件于此时发生，奕䜣病死，使“百日维新”提前揭幕。奕䜣之死，虽为变法扫去了一块绊脚石，然而也使帝党更加孤立、后党气焰更张。于是康有为遂上书翁同龢，“促其亟变法，勿失时”。[①]十八日，有为草折《请定国是》交御史杨深秀、翰林学士徐致靖奏上。《翁文恭公日记》：

> 二十三日，上奉慈谕，以前日御史杨深秀、学士徐致靖言国是未定，良是。今宜专讲西学，明白宣示等因。并御书某某官应准入学，圣意坚定。臣对西法不可不讲，圣贤义理之学尤不可忘。退拟旨一道。

翁同龢所拟的“谕旨”，就是揭开“百日维新”序幕的《明定国是》诏书。这个诏书实际早已拟定，张謇于前一日已见之，他的“日记”可证。

> 二十二日，见虞山所拟变法谕旨。

这道谕旨的内容并不新奇，只是复述了“中学为体，西学为用”的老调，号召臣工士庶，“以圣贤义理之学植其根本，又须博采各学之切于时务者实力讲求，以成通经济变之才”。首先举办京师大学堂，以为各省之倡。没有提到政治改革。这主要不是由于翁同龢的胆怯，而是反映了帝党变法观点的局限性。二十五日，翁同龢即与张謇、黄绍箕拟定大学堂的办法。

尽管帝党对变法的要求如此有限，然而从后党看来，仍然是不能容忍的。张謇在这天的日记上写了一句“虞山谈至苦”，显见其中大有文章。果然只隔了两晚，一声霹雳，后党突然以“揽权狂悖”之罪，把翁同龢一脚踢下了政治舞台。翻开张謇这时的日记，满纸都是悲痛和紧张的神情。

> 二十七日，见虞山开缺回籍之旨，……所系甚重，忧心京京，朝局自是将大变，外患亦将日亟矣！
>
> 二十八日，晤锼甫（翁斌孙，同龢侄孙——引者）。是时，

---

①《康南海自编年谱》。

城南士大夫人心皇皇。

二十九日，恭诣乾清宫引见，瞻仰圣颜，神采凋索，退出宫门，潜焉欲泣。诣虞山送行，则已治装谢客。

三十日，有奉呈瓶叟夫子解职归虞山诗一首，……引朱子答廖子晦语，劝公速行。

五月八日，与仲弢诣瓶师。

十三日，寅初至马马家铺，送瓶师。

等到六月三日，张謇也"拂衣去国"，仓皇南下。

翁同龢的被逐，固然使变法失去了一个重要支柱，维新派认为此系变法失败的一大关键，但是，也减少了帝党官僚对变法的束缚。在翁开缺的第二天，光绪帝召见康有为。从此"翁门"让位于"康党"，资产阶级维新派把变法推向前进，在某些方面超出了翁、张等人所规定的范围。

帝党与维新派做了变法的同路人，变法失败后又共罹患难，翁同龢以下俱遭谴有差，张謇也屡有拿问之谣，旦暮不测。直到庚子八国联军侵入北京，后党废立之谋成了泡影，翁、张等帝党人物才得免祸。

五、帝党与资产阶级维新派的分歧

帝党与维新派毕竟是两个不同的政治集团，对变法的主张也有激进与保守之别，所以在合作的过程中，必然要发生分歧。还在组织强学会时，康有为即不满丁立钧"畏谨"。他又訾议翁同龢对太后软弱，不能学唐代的张柬之。光绪二十四年三月，正当康有为在北京领导变法运动的时候，沈曾植劝读《唐顺宗实录》，从历史上的"钩党之祸"吸取教训，给他泼冷水。不久，沈曾植与文廷式遇于上海，他们评议变法，文廷式轻蔑康有为是"伧夫"；沈曾植则谤之为"草贼"，文说他"何能为"；沈谓其"终须大败"，又诋其"意气褊激"。[①]在"百日维新"中，维新派劝使光绪帝以严旨黜退阻挠新政之礼部六堂官，帝党黄绍箕谓过激烈，深致不

① 均见王蘧常：《沈寐叟年谱》。

满。[1]张謇在变法高潮之前，曾引康、梁、谭等为同道，书信互答，文酒流连；变法高潮来临时，便站在一旁对他们评头论足。《啬翁自订年谱》：

在京，闻康有为与梁启超诸人图变政，曾一再劝勿轻举，亦不知其用何法变也。至是张甚，事固必不成，祸之所届亦不可测。

政变发生后，张謇极力和康、梁划清界限。同书说：

予与康、梁是群非党，康、梁计划举动无一毫相干者。

又为其他帝党人物划清和康、梁的界限。《日记》：

八月十六日，闻查拿文廷式之电谕，康事与芸阁无涉，何以及之？

闻六君子被杀，张謇颇惜杨锐之死，而指斥谭嗣同“好奇论”，“谬妄已甚”。这和同时其他封建士大夫的一边为杨锐挥涕，一边诽谤谭嗣同“凶忽狡悍，死当其辜”，[2]并无二致。张謇为什么对谭嗣同如此忍心？不是为了别的，而是为了谭嗣同是维新派的左翼，在变法运动中比较激进，因而触怒了封建士大夫。

政变以后，帝党与维新派同样“保皇”，但方法和目的都不相同。维新派极力揭露矛盾，痛斥后党，保护光绪帝是为保护变法的根子。帝党则掩盖矛盾，宣扬“母慈子孝”，保护光绪帝是为保护清朝封建统治的安全。张謇为两江总督刘坤一所拟《太后训政保护圣躬疏》，[3]即代表了帝党的这种主张。

---

① 郑孝胥光绪二十四年七月二十一日“日记”述林旭语，历史博物馆藏原件。

②《缘督庐日记钞》。

③《刘坤一遗集》，中华书局版，第1416页。

六、结语

综上所述，可见资产阶级维新派所掀起的戊戌变法运动，得到了帝党的附和与支持，发展成为具有巨大影响的政治运动。但是，两派又有分歧，变法运动越向前进，帝党与维新派之间的裂痕便越深刻。实际从“百日维新”揭幕以后，帝党已经基本上完成了它对变法的使命，政变促使两派分道，帝后党争也不再具有重要意义而到了尾声。

义和团运动爆发后，帝党被农民的反帝爱国斗争吓慌了手脚，急于和当权派弃嫌就好，张謇、沈曾植、黄绍箕等都帮助刘坤一、张之洞等遵“旨”策划“新政”，不再进行反对后党的斗争。光绪三十年（1904年），翁同龢死去。就从这年起，以他的门下张謇为首的帝党余孽居然掇拾康、梁的牙慧，呼朋引类，鼓吹已经过时的“立宪”，妄图抵制资产阶级革命的洪流。这已违反了历史前进的方向，不能够和戊戌变法相提并论了。

原载《新建设》1963年第9期

论清末的铁路风潮

一、帝国主义掠夺中国铁路和清政府的卖路

大规模掠夺殖民地半殖民地国家的铁路修筑权，是帝国主义输出“过剩”资本与划分势力范围的一种形式与手段。列宁在《帝国主义是资本主义的最高阶段》一书内，统计过从一八九〇至一九一三年间，“铁路发展得最快的，是亚美两洲的殖民地和独立国（以及半独立国）”。欧洲增加数是一二二〇〇〇公里，美国增加数是一四三〇〇〇公里，而资本主义极不发达的亚美两洲的殖民地和半殖民地等国家，铁道长度增加的总数是二二二〇〇〇公里。列宁指出：“大家知道，这是由五个最大的资本主义国家的财政资本统治一切，支配一切。在亚美两洲殖民地及其他国家建筑二十万公里的新铁路，就等于在收入有特别的保证，钢铁厂可以获得厚利定货等等特别有利的条件下，新投入四百多亿马克的资本。”①

列宁所举的“亚美两洲的殖民地和独立（以及半独立）国家”，中国是其中重要的一个。从甲午中日战后，中国铁道长度的增加和路线的分布，实质是帝国主义对中国投资增长和划分势力范围的主要反映，也便于倾销它们的“过剩”商品。

帝国主义列强掠夺中国铁路，在不同的历史阶段，有不同的表现。从中日战后至《辛丑和约》签订，列强展开了划分势力范围的角逐，强迫清政府订立不平等条约，各在势力圈内攫取路权，又以攫取路权作为伸展势力的手段；从一九〇一年至一九〇八年，因日俄战争的结果和国际上的其他影响，列强在华掀起了重行分割路权的斗争，如南满铁路的从俄国转入日本之手，京汉铁路的从比国投资改归英、法投资等皆是，又根据已订条约，修筑未办各路；从一九〇八年以后，由于人民的强烈反抗和清政府

①《列宁全集》，第22卷，第267页。

的摇摇欲坠，列强便在美国所倡议的“门户开放，机会均等”的花招下，组成国际银行团，联合向中国投资，加强对铁路的掠夺。

帝国主义在华筑路，采取以下几种方式：

（一）直接投资。又有两种形式：

（1）外资筑路。外国政府或公司在中国筑路，在一定期限内，中国不得过问或备价赎回。如法国根据一八九五年中法会订《商务专条》内载：“越南之铁路，或已成者，或日后拟添者，彼此议定，可由两国酌商妥定办法，接至中国界内”等语，于一八九八年强迫清政府“允准法国国家，或所指法国公司，自越南边界至云南省城修造铁路一道”。即以后筑成的滇越铁道。日本强筑的安奉铁路也是同样性质。

（2）华洋合办。清政府或华商与外国银行或公司合资筑路，所有建造经理一切事宜，都由外国银行或公司承办，在一定年限后，清政府始得备价赎回。如俄国修筑的中东铁路（又称东清铁路），德国修筑的胶济铁路，日本经营的南满铁路（原中东铁路南满枝路）等，都属这一形式。实际华股很少，有的并无华股，与纯系外资筑路无大差异。

帝国主义采取以上形式，掠夺中国铁路，给中国人民带来了严重的灾难。

第一，帝国主义修筑铁路所到之处，也是它们的军队、官吏、间谍等到达之处，肆无忌惮地虐待沿线人民。如滇越铁路通车后，法国即借护路为名，派兵侵入云南，地方官吏不敢阻止。日本在修筑安奉铁路时，强迫沿线农民无偿劳役，又践踏庄稼，强占土地，激起数千农民向东三省总督锡良请愿，锡良无可如何。

第二，帝国主义随着筑路而大量移民，强占村镇，开铺设埠。在日俄战后的几年间，中东铁路沿线是俄人的世界，南满铁路沿线是日人的世界。

第三，帝国主义随着筑路而掠夺沿线的矿山。如一八九八年签订的《中德胶澳租借条约》第四款规定：“于所开各道铁路附近之处，相距三十里内，如胶济北路在潍县、博山县等处，胶沂济南路在沂州府莱芜县等处，允准德商开挖煤斤等项。”

第四，帝国主义任意抬高铁路装运费，刺激中国物价，影响人民生活。如胶济铁路，开车八九年车价上涨了五次。

帝国主义采取直接投资的方式在中国筑路，引起中国人民首先是沿线农民的强烈反抗，不仅阻碍工程，也摇撼清政府的统治。因此这种方式一般限制在沿边沿海，帝国主义武力控制所及的地区。《辛丑和约》以后，接受义和团运动的教训，为了深入掠夺中国的铁路，帝国主义就大量采用间接投资的方式，勾结清政府，实行“借债筑路”。清政府可以分得一部分利润，而必须代帝国主义承担政治上的风险。

（二）间接投资。也有两种形式：

（1）借款代筑。由借款国银行或公司代筑，并操经营管理之权。上设铁路局或公司，由清政府派员督办。盈亏与借款国资本家无涉。

（2）借款自办。由于中国人民反对外国“代筑”，帝国主义便在名义上给予中国“自办”，但在债务期内，必须由借款国人担任总工程司及总司账，实际仍操经营管理之权。

“借债筑路”的条件极为苛刻。一九〇九年的《时报》发表过一个《历次铁路借款办法比较表》。[①]可见大概。

历次铁路借款办法比较表

路名	款数	折扣	利息	还款酬银行费	抵押	总工程司	造路	管理行事	分余利	承办购料	查账管账
京汉	正续一万二千五百万佛郎	九扣	五厘	二毫五	以全路产业作抵	用借款公司所荐之总工程司	归借款公司承造	归借款公司管理	借款公司分余利二成	借款公司承购材料	借款公司管理账目
京奉	二百三十万镑	九扣	五厘	二毫五	同上	同上	同上	同上	不分余利	同上	同上
正太	四十万万佛郎	九扣	五厘	二毫五	同上	同上	同上	同上	借款公司分余利二成	同上	同上
沪宁	三百二十五万镑	九扣	五厘	二毫五	同上	同上	同上	同上	同上	同上	同上
汴洛	四千一百万佛郎	九扣	五厘	二毫五	同上	同上	同上	同上	同上	同上	同上

①《东方杂志》六卷二期转载。

续表

路名	款数	折扣	利息	还款酬银行费	抵押	总工程司	造路	管理行事	分余利	承办购料	查账管账
道清	八十万镑	九扣	五厘	二毫五	同上	同上	同上	同上	同上	同上	同上
广九	一百五十万镑	九四扣	五厘	二毫五	同上	同上	同上	同上	同上	同上	同上
津浦	五百万镑	九三扣	五厘	二毫五	以直隶山东江苏三省厘金作保	同上	归中国自造	归中国自行管理	借款公司分余利二成先提二十万镑给付	同上	借款公司查账
沪杭甬	一百五十万镑	九三扣	五厘	二毫五	以关内外铁路余利作保	同上	同上	同上	借款公司分余利二成先提六万七千五百镑给付	同上酬劳三万五千镑	刊印中英文账目任人取阅

从上表可见，这些铁路借款都有折扣；利息之外，又有银行酬金；通车后，债主分占余利；借款国还包办工程器材。显然这是外国资本家获取高额利润的“有效”办法。这些铁路借款一股都以路权抵押。即使不以路权抵押的，工程、账目也受外人掌握。在债务期内，实际仍是外国经营。

铁路借款的期限一般都在二十年以上。如京奉铁路的借款年代是一八九八年，偿款期是一九〇五至一九四四年。债务期间长达四十七年。沪宁铁路的借款年代是一九〇四年，偿款期间是一九〇四至一九五三年。债务期间长达五十年。

“偿债赎路”是清政府呼喊的口号，实际是难以实现的。

第一，在修筑时，洋工程司勾结清政府所派委的督办官员，虚糜款项，工费不敷，使清政府继续举债，难以清偿。如一九〇九年夏，直隶人民揭发津浦北段总办李德顺等勾结德国帝国主义，“乘便营私”。按合同聘德工程司一人，而李增雇洋员至八十余人。一般路工用款一里约需银一万数千两，而李耗银每里三万两尚称不足。原借五百万镑不敷筑路之用，以至于一九一〇年又向英、德续借四百八十万镑。

第二，在通车后，一般短距离的支路都因偿付年息而往往亏本。以沪宁铁路通车后的几年为例，岁入不满二百万元，支出约三百万元，其中年息一百四十万元，亏耗一百万元。据一九一〇年邮传部统计的《全国铁路盈亏记略》[①]，借款兴筑的沪宁、正太、道清、汴洛四短路，亏耗数十万两至一百万两不等。即使是距离较长、客运较多，能够盈利的京奉、京汉

①《东方杂志》七卷六期。

两干线，也因经营不善等原因而收入递减。以京奉路为例：

一九〇四年	余利八〇四三八七七元
一九〇五年	余利七六一五一五八元
一九〇六年	余利五二五五九四四元
一九〇七年	余利三三三五二一四元①

至一九〇九年，已下降至一千一百万两。是故清政府企图积累营业余利赎路，实际是不可能的。何况在《辛丑和约》签订后的十年间，主要因外债勒索，清政府的财政危机日益严重，“国债新政，巨款难筹，政府无点金之方，司农有仰屋之叹”，②铁路小有余利，即被挪移，以之赎路，更成空话。需要偿款时，只有借债还债。如一九〇八年借英、法之款向比利时赎回京汉路，名为“赎路”，实际不过是债主国的转移。这样，就使中国铁路永远无法摆脱外国高利贷的镣铐。

当时社会舆论对“借债筑路”莫不深恶痛绝，盛宣怀的儿子为乃父作《行述》说：“比岁以来，维新志士本其爱国热诚，视借款筑路如鸩毒蛇蝎。”人们反对“借债筑路”，主要是从两个方面着眼：

第一，耗糜中国资金。一九〇九年湖南谘议局的议员们计算过，如借外债二百万镑，二十年偿还，捐失之数足修四千里铁路。③

第二，失去路权。一九〇七年五月三十一日的《南方报》发表评论，一针见血地说：我国“借款筑路”，“是无异允外人在其殖民地筑路也”。④

以上还是社会上层的呼声。至于随着路权的丧失，沿线的土地人民将受外人的奴役；通车后外国工业品深入腹地，使农民和手工工人加速破产。这些则是社会各个阶级、各个阶层（除去一小撮卖国贼如盛宣怀等外）在不同角度上所同感为切肤之痛的了。

---

①《东方杂志》六卷三期，《京奉路近四年收支比较表》。

②《东方杂志》六卷十期，《颐和园八品苑副永麟遗书》。

③ 见《东方杂志》六卷十二期，《九记湘鄂路线商潜外款情形》。

④《东方杂志》四卷七期，《论铁路国有主义与民有主义之得失》，录自丁未四月二十日《南方报》。

清政府不顾人民反对，悍然执行“借债筑路”的反动政策。外来的因素，是国际垄断资本给它的压力。内在的因素，是它的财政危机。

从《辛丑和约》签订后，在政治上，清政府已经完全投降了帝国主义，唯命是听。在经济上，与日俱增的高利债款结成了一条勒死它的绳索。据一九〇九年的统计，清政府所负外债共英金一百三十六兆二十二万三千五百九十镑，以三先令合银一两计之，共银九百零八兆十六万三千九百三十三两。已给未给之利息尚不在内。[①]一九一〇年度支部的预算是：

入款　银二九六九六二七二三两

出款　银三三三〇五六三六四两（内洋债五一六四〇九六二两）

亏款　银三六〇九五八四一两[②]

又有一个统计数字，约估一九一一年及其以后清政府的的收支情况，原文如下：

宣统三年岁入二万九千七百万两

岁出三万五千余万两

不敷五千四百余万两

筹备追加二千四百余万两

实不敷七千八百万两（其中偿债本息五千余万两）

三年以后，四国币制实业粤汉川汉津浦追加邮部日本正金各省救济市面借款合计约二万万两，平均五厘息，年增出款一千万两，合前计之，不敷八千八百万两。[③]

这样的年复一年的财政亏耗，使清政府山穷水尽。如果无止境地增加捐税，将激起人民日益剧烈的反抗。于是它选定了一条生财之道，就是

①《东方杂志》六卷十三期，《中国洋债一览表》。

② 见《东方杂志》七卷十期，《中国大事记》附录。

③ 北京图书馆藏《近代史料信札》一〇九册原件。

“借债筑路”。

当时，清政府的官员们一致认为“凡百生利，莫如铁路之速”。他们目击外国在华经营的铁路，获利都是优厚的，以日本的南满路为例，岁入与年递增。

一九〇六年	收入七十五万余元
一九〇七年	收入八十六万余元
一九〇八年	收入一百四十三万余元

再如德国的胶济铁路，一九〇五年的岁入是一九一二二九五元；一九一〇年，增至三七三〇三四二元。①

即使是清政府借债兴筑之路，虽然偿付利息，除短路亏本外，长路还是赚钱的。以一九〇九年为例，京奉、京汉两路盈利合计九百万两，成为清政府弥补财政亏耗的主要来源之一。是故在清朝反动统治的最后几年，当权要人把“借债筑路”当作“救亡的第一政策”。盛宣怀曾说：“时局甚危，不有铁路，何能救急。”②筑路必须借债，一九一〇年九月，邮传部发表《借款办路说帖》，公然表示“舍借款别无良策”。③

据一九一一年日本《大阪朝日新闻》披露，清政府共借铁路债款十七次，除已偿还五千八百九十五万元外，共负二亿九千零六十二万元。铁路借款的债额与次数是向后愈多：

一八九八年	两次	七三〇〇〇〇〇〇元
一八九九年	一次	一六〇〇〇〇〇〇元
一九〇三年	一次	一六四〇〇〇〇〇元
一九〇四年	一次	二九〇〇〇〇〇〇元
一九〇五年	两次	一八〇〇〇〇〇〇元

①《东方杂志》六卷五期，《南满铁道最近之状况》，十卷十一期，《德意志之山东经营》。

②《愚斋存稿》卷七十七，页八。

③ 见《东方杂志》七卷十期。

一九〇七年	一次	一五〇〇〇〇〇〇元
一九〇八年	三次	一一五〇〇〇〇〇〇元
一九〇九年	两次	二四七〇〇〇〇元
一九一〇年	三次	五四七〇〇〇〇〇元

又据日本《新公论》杂志统计，截至一九一一年末，中国未偿外债的本息合计是：

中央外债	一四三二一二六六六六元
地方外债	二七〇九六〇〇〇〇元
铁道借款	六五九九四五〇〇〇元
总　　计	二三六三〇三三六六六元[①]

其中，虽以中央外债的数字为最多，但它是包括“庚子赔款”在内，以借债的内容来说，“铁道借款”是一个主要的项目。铁路借款的不断增多，反映了列强掠夺中国铁路的疯狂性，也显示出清政府日益倾向执行“借债筑路”的反动政策。

清政府“借债筑路”，挂着“官办”的招牌。一九〇八年，《大公报》刊载《论官办铁路之恶结果忠告邮部警醒国民》一文说：“综观既往，默计将来，凡官办铁路，无一不与外人有密切之因缘，即无一不得丧权失利之恶果。”“呜呼！官办铁路欤？官卖铁路欤？吾敢质之当局？”[②]一言道破了清政府“借债筑路”的真相。是故卖路罪魁盛宣怀所说的“不有铁路，何能救急”？实际是“不卖铁路，何能救急”？

总之，帝国主义行使外交压力，又利用清政府财政危机，采用直接和间接投资的方式，逐步夺取中国的铁路。一九〇九年，日本《报知新闻》发表了一篇《中国已设铁道记略》，令人触目惊心。摘录译文如下：

---

①《东方杂志》八卷四期，《论中国外债及财政之前途》，转译当年四月二十五号至五月三号《大坂朝日新闻》；十卷八期，译《新公论》杂志所载《列强对于中国之经营》。上表所列，加一九一一年向日借款一千万元为十七次。

②《东方杂志》五卷八期转载。

南满洲铁道（外国直接投资）

一、宽城子、奉天、苏家屯、大石桥、南关岭、大连间　——四四一哩

一、奉天安东间　——一八四哩

一、苏家屯抚顺间　——四〇哩

一、大石桥营口间　——一五哩

以上六百八十哩悉属于日本经营者也。

东清铁道（外国直接投资）

一、满洲璞苦拉伊起那亚间

一、哈尔滨长春间

计一千七十七哩，纯然俄国所有也。

关外铁道（借款筑路）

一、山海关、沟帮子、新民屯、奉天间

一、沟帮子营口间

计三百三十七哩，此路管理权虽在中国铁路公司，其中资本金一千一百五十万两悉借英国款项，故会计长、技师长系用英人。

津榆铁道（同上）

山海关天津间

计百七十三哩，对于英国之关系，与关外铁道同。

京通铁道（同上）

北京通州间

计十四哩，其关系与津榆铁道同。

京津铁道（同上）

天津北京间

计八十七哩，其关系同上。

京汉铁路（同上）

北京汉口间

计七百五十四哩，从白耳义新其格脱借入二千七百万两，中国政府收出一千三百万两所敷设者也。

西陵铁道（官办）

高碑良乡间

计二十六哩，系京汉铁道之支路，悉中国所有也。

山东铁道（外国直接投资）

青岛济南间

计三百四十三哩，其资本系中国十万两，德国五千四百万马克，归德国有籍贯之华德胶济铁道公司敷设经营，故谓为纯然德国所有，亦无不可也。

淞沪铁道（借款筑路）

上海吴淞间

计十四哩，全部英国之资本，现与沪宁铁道合并，归英人管理。

沪宁铁道（借款筑路）

上海南京间

计二百哩，与沪淞铁道同样。

潮汕铁道（商办）

汕头潮州间

计二十五哩，资本虽全系中国所出，而管理权全在日本三五公司之手。

龙州铁道（外国直接投资）

法领东京、谅山、广西省龙州间

计五十哩，中国广西官局与法国非林会社共同敷设经营（中国地方官只负责供给土地及工役等）。

萍潭铁道（官办）

萍乡湘潭间

计三十五哩，为炭矿铁道，全中国所有。

上表除新宁、沪杭两路尚未列入外，这家日本报纸带着极端轻蔑的口吻，统计了一下中国已设铁道之全长是三千七百四十哩，而纯属中国所有的只有六十一哩，其余都被列强所宰割。①

帝国主义夺路与清政府卖路，促使中国人民觉醒，在一九〇五年前后，各地风起云涌地掀起了自办铁路的运动。

二、商办铁路运动的兴起

面对帝国主义掠夺铁路，中国的工农群众进行了强烈的反抗。他们用暴力阻止帝国主义在华筑路。山东农民反对德国修筑胶济铁路的斗争，东北农民反对俄国修筑中东铁路的斗争，直隶、河南、湖北等省农民反对比利时修筑京汉铁路的斗争，此起彼伏，连绵不绝，终于催生了一九〇〇年的义和团运动。

中国民族资产阶级基于发展资本主义的利益，也反对帝国主义掠夺铁路。一八九八年，资产阶级改良主义者的喉舌——《清议报》指出："柔缓侵略者，尝一冒殖民政略之名，掩饰其侵略性质；而今复冒铁路政略之名，其掩更增一层之巧。今一言说破之，铁路政略，即殖民政略也，殖民政略，即侵略主义也。"②资产阶级革命者陈天华在《警世钟》里写道："列位，你道今日中国还是满洲政府的吗？早已是各国的了。那些财政权、铁道权、用人权，一概拱手送与洋人。"他又在《猛回头》中说："痛只痛，修铁路，人扼我吭。"改良派和革命派都提出了自办铁路的主张，但在义和团运动之前，还不具备商办铁路的条件。

伟大的义和团运动阻止了帝国主义瓜分中国，促进了中国民族资本主义的发展。在义和团运动期间，主要由于义和团在北方进行赴汤蹈火的斗争，吸住了国际帝国主义的主力，使东南沿海免遭帝国主义的武装进攻；又因战争之故，外国工业品输入减少，给东南各省的民族资本主义企业造成了发展的机会。

以张謇经理的大生资本集团为例，义和团运动时期，是它初次遭遇的获利丰厚的年头。后经日俄战争，外国纺织品来华减少，大生纱厂产品远销各地，又一次获得了厚利。在一九〇五年前后，张謇经营的企业，不

①《东方杂志》六卷九期转译。括号内文字系引者所加。

②《清议报》卷十七。

仅是通州的大生纱厂及其崇明分厂，又派生了一个通海实业公司，其中包括着种棉的垦牧公司、制造棉籽油的广生油厂、修理机器的资生铁冶厂、航行沪通等地的大达轮步公司等十数种企业。大生资本的势力也扩散到通海以外地区。张謇先后和人合伙，创办中国图书公司于上海，开设耀徐玻璃厂于宿迁，建立江西瓷业公司于景德镇等。在一九〇五年前后，开矿、筑路、设银行、制机器等，都日益成为张謇等所要求解决的课题。

经过义和团运动的打击，列强对华的铁路投资一度暂时停顿；清政府则以假维新为延缓自己死亡的手段，并图增加捐税，不得不给民族资产阶级以某些口惠，而向民间开放铁路的修筑权。于是从一九〇三年起，受华侨资本影响较大的粤、闽沿海，得风气之先，首先组成商办铁路公司，以后各省陆续成立，兹略依时间顺序，列表如下：

名称	成立时间	总理或总办
湖北铁路公司	一九〇〇	湖北道员札凤池①
潮汕铁路公司	一九〇三	四品京卿张煜南
湖南铁路公司	一九〇四	江西臬司余肇康
江西铁路公司	一九〇四	江宁藩司李有棻
新宁铁路公司	一九〇五	盐运使衔陈宜禧
安徽铁路公司	一九〇五	四品京卿李经方
浙江铁路公司	一九〇五	两淮运司汤寿潜
福建铁路公司	一九〇五	内阁学士陈宝琛
滇蜀铁路公司	一九〇五	贵州学使陈荣昌
同蒲铁路公司	一九〇五	甘肃藩司何福坤
江苏铁路公司	一九〇六	商部右丞王清穆
广东铁路公司	一九〇六	侍读学士梁庆桂
广西铁路公司	一九〇六	广西学使于式枚
四川铁路公司	一九〇七	刑部郎中乔树枬
河南铁路公司	一九〇七	礼部左丞刘　果
西潼铁路公司	一九〇八	山西道员阎乃竹

① 除鄂路公司成立资料据《东方杂志》七卷九期外，余据商部、邮部及有关督抚奏案。总理姓名都系第一任者。

有些省份虽未成立商办铁路公司，但也有一些要求自办铁路的组织。如一九〇八年成立的吉林公民保路会，一九〇九年成立的山东烟潍路招股公司等。

上表显示出清末商办铁路运动的几个特点：

第一，在湖广人民赎回粤汉路，直东苏三省人民反对英德分割津镇路，苏浙人民反对英国攫取沪宁、苏杭甬路等斗争的推动下，出现了一九〇五至一九〇六年间商办铁路的高潮，表明运动的爱国主义性质。

第二，总理或总办，都由在职官员或解职的绅士担任（内中陈宜禧是侨商），他们对清政府有不同程度的依附关系。

第三，各省甚至在同省的各个铁路公司，各自为政，没有统一和联合的机构，带着浓厚的地域性。

显然这是在一个半殖民地半封建国家里，民族资本主义不发达的情况下，被爱国运动裹挟起来的畸形现象，也就决定了它的脆弱性。

这些组织成立后，纷纷进行招股筑路的活动。由于全国经济和人民觉悟的发展不平衡，所以各地铁路公司的招股方式不一致，成绩也不平衡。

大抵民族工商业比较发达，得风气较先的东南沿海各省，特别是苏浙两省，主要是采取认股和购股的方式。一般是每股五元。除地主、商人、华侨外，工人、农民、职员、学生等在爱国主义的推动下，都纷纷认购股票。以沪杭甬铁路为例，浙江资产阶级的报纸公开号召："席丰履厚者固应争先认缴，以为众倡，即至农工各界，缩衣节食，勉尽公义，亦复应有之事。"[①]据宁波各团体统计："全路劳动界几以万计，农工两界投资附股者尤多。"[②]这些省份的股款也较易积聚，有一个苏路股东写道："新纪元前六年，时议以苏杭甬铁路借款草合同入英人势力范围，危甚。""江浙负时望者倡议商办，同声一词。""谓我工速竣，即外力无由内侵，众皆激于爱国思想，不数月款集，华侨投资者亦踵至。"[③]

经济比较落后，风气比较闭塞的省份，集股的方式就不同了。除认购路股之外，采取抽股和勒捐的办法。如地租和房租等抽股，田亩捐、粮

① 支南钰一郎：《汤寿潜》又名《浙路风潮》第九章，录《四明日报》。

②《汤寿潜》第十二章，《宁波各团体上抚宪电》。

③ 沈恩孚：《革梧轩文存》卷四，《苏省铁路公司始末记》。

食捐、茶捐、土芍捐、食盐加价等。也有路基所有者以土地入股的。还拨用“地方公款”。这样的积累股金，也比较缓慢。截至一九一一年，招股成绩最好的是浙江，其次是四川、广东、江苏等省。浙江的预筹股额是六百万元，实收股额九百二十五万元。四川预筹二千零九十九万元，实收一千六百四十五万元。广东预筹二千万元，实收一千五百十三万元。江苏预筹一千万元，实收四百十万元。最差的西潼铁路公司、广西铁路公司等，则是分文未收。[①]

股金积聚的情况，反映在筑路工程上。截至一九〇九年，浙路公司筑成了将近一五〇公里，为全国商办铁路之冠。其次是广东，筑成八十五公里。再次是江苏，筑成将近五十六公里。湖南筑成五十有零公里。江西四十公里。四川铁路公司集股虽多，而因内部舞弊、行动迟缓，仅铺轨三十余里。[②]

从招股筑路的情况，可以看出，当时几乎是在全国范围内开展的商办铁路运动，虽然是在某种程度上反映了中国民族资本主义发展的需求，但是超出了它的水准，最后必然因资金不足等而陷于困难。商办铁路虽由各省的绅商发动，而股金来自各阶级各阶层，把广大工农卷进了旋涡，成为一次群众性的爱国运动。

商办铁路是帝国主义夺路以及清政府卖路的对立面。伴随着商办铁路运动而来的，是一次比前激剧一次的争路风潮。

三、各省的争路风潮

一九〇三至一九〇五年间，湖北、湖南、广东三省人民督促清政府向美国合兴公司赎回粤汉铁路修筑权，是中国人民争路的起点。

一九〇二年，清政府招揽美商合兴公司借款代筑粤汉路。以后这家

---

① 浙路、川路、苏路集股情形，据《轨政纪要初稿》，粤路据《交通史路政编》；西潼据《邮传部奏议分类续编》；桂路据丁未年《商务官报》第一期。

② 浙路、苏路据《修筑里程邮传部第三次统计表》；湘路据《邮传部接收粤汉川汉路借款合同及分别接收各路股款始末记》；赣路据《邮传部奏议分类续编》；川路据《愚斋存稿》卷十七，页三十三。

美国公司因资本不足，把股票私卖给比利时商人。鄂、湘、粤三省人民闻而反对，要求赎回自办。但骤难集中巨款。英国驻汉口的外交人员乘机和鄂督张之洞勾搭，别有用心地代筹赎路之款。一九〇五年，张之洞向英国香港政府借款一百十万镑赎回此路。借款由三省分十年摊还，以人民血汗偿债。以湖南为例，“湘人不惜从饥民口中吐出赈粜之资，以供应付。……及至米款所抵仍多不敷，则又经全湘人士公认盐斤加价，以图补苴。加价而至盐斤，则下至乞丐亦不能免”。①

张之洞在办结此案时，有意制造矛盾，一方面为欺骗三省人民，准许摊债之后，筹款自筑铁路；另一方面为奉承帝国主义，又私允英国：“将来粤汉铁路修造之款，除中国自行筹集外，如须向外洋借款，当先向贵国询商，开价如与他国所开息扣比较相同，先尽英国银行承办；如他国所开息扣等项，较英国所开公道便宜，仍由中国酌择公道便宜者另行筹借。……此外湖北、湖南境内另有修造铁路之事，倘亦须向外洋借款，并可照上条修造粤汉铁路借款办法，一律办理。……此事经本部堂议定后，凡湖北、湖南、广东三省现任后任督部堂、抚部院，有管理铁路之权者，均照此次照会各节办理。”②为以后湘、鄂争路风潮做了伏笔。

“粤汉赎路”是帝国主义及其走狗与中国人民之间的矛盾、帝国主义与帝国主义之间的矛盾，交织而成的产物。它实际是债主国的转移，而表面开赎路自办的先例，对各省人民争路起鼓舞的作用。继之而来的，是直、鲁、豫三省绅民要求自办津镇铁路的斗争。

先是，英德两国为扩展势力圈、分割天津至镇江铁路的修筑权，经过一番明争暗斗后，于一八九九年，迫诱清政府议订津镇路借款合同草约，议定由德国德华银行、英国汇丰银行合借英金七百四十万镑，以山东南境峄县为界，英德分别承筑南北段。一九〇三年，德国勘路完成，催迫清政府改订正约，由直隶总督袁世凯派员与英德驻津领事谈判。风声传出后，嗅觉比较敏感的三省留日学生首先反对。他们于一九〇五年连续发出《为津镇铁路事上政府书》、《敬告三省父老请收回津镇路权

---

① 此系湘路总理余肇康的演说词，见《东方杂志》六卷十三期。

②《张文襄公全集》卷一〇七，页四一五。

书》、《为津镇铁路事再上政府及三省督抚书》。[①]在留日爱国学生的推动下，一部分三省京官也具呈商部，请废借款筑路草约。国内舆论支持了他们。一九〇五年十月二十六日的《南方报》曾发表《论津镇铁路之关系》，[②]反对借款代办。

三省绅民揭穿了帝国主义夺路的阴谋。他们指出："原约载路长一千八百华里，借款七百四十万镑，年息五厘，以近年最贵镑价每镑合银九两计之，每里合银至三万七千两。若积五十年利息，本利每里及十三万两。如此重债，何日可以清还？其债一日不清，即路权一日不返。名为借款，实永占耳！"[③]帝国主义夺路，实为瓜分之渐。三省绅民指出津镇铁路关系三省存亡："外人假铁路以实行殖民政策，谋我三省之财政权、行政权及其他各权，矿业、商业及其他各业。简单言之，谋夺我三省主权，谋夺我三省士人之性命财产而已矣！"他们举近事为证："俄之图满洲，英之图西藏，非铁路为之引线乎？至近日德人之在山东，其势力膨胀，莫非起点于胶济铁路。"[④]"若此路入英德之手，是直隶、江苏、山东永为英德势力范围。平时则妨我主权，事事牵制，有事则南北隔绝，声势不通，中原全局，关系甚巨。"[⑤]

三省绅民认为借款草约是完全有理由可以废除的。"查二十五年与德华、汇丰所订津镇合同，非政府画押，故为私押而非条约。且实行犹待续约，则又仅预约而非正约。非条约则我有撤回主权，英德不得干涉。非正约则我不续约，两银行亦无如我何。"[⑥]他们要求援粤汉路例，收回自办。

这场斗争没有先事准备，没有牵动下层群众，所以极为软弱，仅迫使帝国主义在利、权上做了某些表面性的让步：

第一，撤销了增加贷款的要求，但以后仍有续借英德资本四百八十万镑之举。

---

① 前两书见《东方杂志》三卷三期，后一书见同卷四期。

②《东方杂志》三卷一期转载。

③ 见光绪三十一年十月二十二日《申报》，直苏两省京官呈商部文。

④《东方杂志》三卷三期。

⑤《东方杂志》三卷一期转载。

⑥ 见光绪三十一年五月二十二日《申报》，三省留日学生致政府电。

第二，借款不以路权作抵，改以三省厘金为担保，不称“外国代办”，改归“中国自办”；实际从工程到经营、管理，仍操于英德工程司及会计之手。显然这是帝国主义勾结袁世凯，使用的遮眼法。以后袁世凯也就被舆论所指摘。

在借款合同签押时，路线改为天津至浦口，又与安徽发生关系。清政府从转嫁外债于人民的目的出发，表面迎合当地绅商“自办”之请，指定一批官绅组织了一个直、鲁、皖、苏四省商办铁路公司，责令招集股银二千万零五十万两，以备还债之需，并许还债时即改为“官商合办”。这个公司并未起实际的作用。津镇争路也就草草结束。

与津镇争路同时，江苏人民进行反对英国修筑沪宁路的斗争。

一八九八年，铁路督办大臣盛宣怀与英国银公司（即中英公司）委托的怡和洋行议订了一个借款修筑上海至江宁间铁路的草约，规定借款三百万镑，以本路及已筑之淞沪路作抵。一九〇二年，英国派员与盛宣怀续议正约。一九〇三年，由盛会同署理南洋大臣张之洞、江苏巡抚恩寿会奏:《沪宁路借款办法折》，议借英金三百二十五万镑，另加路基借款二十五万镑，余如草约初议。清政府批准了这个办法。一九〇四年，英国按合同接收淞沪路，并开筑沪宁路，合同旋即宣布。江苏绅民闻而大骇，纷纷反对。留日学生、国内学生、各地的绅士和商人以及一部分苏籍中小京官，都卷入了斗争的旋涡。

他们向清政府揭露盛宣怀卖国。留京江苏学生周秉清、留日江苏学生代表唐演等联合一部分苏籍中小京官，呈请商部代奏：“查沪宁铁路以五百七十里之路工，借三千五百万元之外债，每中里合四万两上下，比常价每里需银万两者浮逾四倍。又查合同内载明，五十年之内本利不还，半年之内利钱不还，即以全路交英国银公司。职等处此危险之地，明知落成以后，六个月之内利钱不还，盛宣怀可随时任意以江苏地方让交银公司。”他们要求少借一百万镑，以期早日赎路。①武进、阳湖绅士刘翊宸等分电盛宣怀及江督、苏抚，要求停工自办。②在这次斗争中，张謇的

---

① 见光绪三十一年九月十二日《申报》。

② 见《愚斋存稿》卷六十八，页二十五—二十六。

表现颇为积极。他以商部头等顾问官的身份致电商部，推举苏南巨绅王清穆、恽祖祁为沪宁路监督。又致电两江总督周馥，力言其害。他主张苏人自筹路基地价二十五万镑，以减少借款。[①]

清政府仍责成盛宣怀与英国交涉。盛以贿赂拉拢苏籍京官顾康民等助盛反对废约。[②]一九〇五年九月，盛以“无词可借，碍难悔约”，向政府作复。清政府为缓和矛盾，决定先借二百五十万镑。

由于英国工程司有意糜费，一九〇六年夏，苏籍京官吴郁生等揭发“沪宁路工尚未及半，而二百五十万镑之借款已将告罄”[③]云云。以后又借四十万镑，合二百九十万镑。按原约少借六十万镑，这是沪宁争路的结局。

经过这场斗争，大买办盛宣怀的卖国嘴脸暴露无遗，也就在一片咒骂声中，他“进退维谷”，被迫交卸了铁路公司督办的职位。《张謇日记》提到一九〇六年沪宁路沪锡段通车典礼时说：“沪宁铁路行开车礼，……盛杏荪犹觍颜宣颂词也。全球路价之贵，无逾江苏者，即江苏人之受累逾于全球，然则是日之举，独银公司受贺耳！江苏人应受吊。”写出江苏人士对沪宁路事的痛心。

津镇、沪宁两路之争，因有关省份绅商尚无自办铁路的准备，尚未把广大群众牵动起来，故而矛盾不很尖锐，并未演成风潮；然而教育了全国人民，必须积极自办铁路以抵制帝国主义夺路，于是出现了商办铁路的高潮。

继沪宁争路之后，苏浙两省绅民发动了反对英国投资苏杭甬铁路的斗争。

一八九八年，英国无理要求承筑津镇、山西至河南、广九、浦信、苏杭甬等五路。援沪宁路章程，由盛宣怀与英国银公司秘密签订借款代筑苏杭甬铁路草约。以后几年内，英国一直没有动作。在沪宁路事件的刺激下，一九〇五年八月，浙江商办铁路公司组成，公举山阴名士汤寿潜为总理，南浔巨商刘锦藻为协理，奏准招股兴筑全浙铁路，先筑苏杭路。英国闻讯后，立即照会清政府，要求改订正约，阴谋从浙江人民手中，夺取苏

---

① 见《张謇日记》。

② 见光绪三十一年九月十一日《申报》。

③《光绪朝东华录》中华书局版，总五五一七页。

杭路。一场激烈的斗争不可避免了。

浙江绅商、浙路公司、一部分浙籍京官呈请清政府废除草约。一致指出：草约规定有“从速勘探”语，而英国迟未进行，业已失效；且浙路已由商部奏准商办，万无再由英商承筑之理。为抗拒英国夺路，浙路公司加紧集股，动工修筑。一九〇六年五月，浙路集股已四百余万，“民情踊跃”，即日开工修筑杭州至嘉兴之线。江苏绅商也行动起来，与浙人协力。同年六月，组成了以王清穆、张謇等为首的江苏商办铁路公司。他们计划分筑南、北线。南线为上海至嘉兴一段，北线为清江至徐州的一段（后延伸至开封）。一九〇七年初，沪嘉线开工，与浙路公司修筑杭嘉线相呼应。英国驻华公使连续胁迫清政府对浙苏人民施加压力，妄图勒令停工。清政府惧怕浙江人民拒缴漕粮，而不敢立即答应，仍命外务部挈同盛宣怀与英国“磋磨”。在英帝国主义的恫吓下，清政府终于在一九〇七年十月二十日下了一道出卖苏杭甬铁路的谕旨，硬说：两省铁路公司所集股款，“不敷尚巨，势难克期竣工”。坚决把苏杭甬路交给英国“借款修筑”，惟不以路权抵押，表面算是“中国自办”，准许两省绅商搭股，严令他们“勿得始终固执，强行争执，以昭大信，而全邦交”。[①]这道“谕旨”把苏浙两省激荡起来，使斗争到达了新阶段。过去是两省绅商要求清政府拒借英款，被斥责卖国的仅是盛宣怀等个别官员；现在发展到两省广大人民反对清政府勒借英款，公开斥责外务部“断送两省权利”，实际是斥责“当今朝廷”了。

苏浙两省人民拒款斗争的行动是：

一、函电交驰，否认清廷的卖路谕旨为有效。两省的京官、在籍大员、两路公司、上海等处的商会、学会等纷纷发表函电，指斥清政府已准苏浙铁路商办，且已局部铺轨开车，今强迫借款，是“信用全失”。

二、纷纷集会，演说呼吁，鼓动两省人民认股输将，用事实驳倒清政府谕旨所云股款不敷的谰言。

三、通电各省商办铁路公司，以兔死狐悲为词，要求一致行动。

四、利用报纸向国内外宣传。一九〇七年第二十四号《外交报》发

---

①《清德宗实录》卷五七九，页十五。

表了《论苏杭甬铁路借债之不可许》。[①]十一月二十一日《神州日报》发表《论保守土地主权及路矿利权为国民之天职》[②]一文，也以苏杭甬路事为主要内容。十月七日《申报》登载的评论尤为激昂，公然指斥清政府“宁令国人死，毋触外人怒”的可耻行为。评论说：“视我两省之土地，直草莱之不若，视我两省之人民，直蝼蚁之不若也。”政府既不足恃，两省人民只有奋起自卫了。笔者呼吁：“我苏浙两省之父老子弟，即不为目前计，能不为子孙计乎！国可灭，民心不可灭，我父老子弟其磨砺以须。”[③]

五、苏浙两省铁路股东公推告老在籍的协办大学士王文韶为“遵旨商办、不认借款”之总代表，江苏派出王同愈、许鼎霖、杨廷栋、雷奋，浙江派出张元济、孙诒让、孙廷翰为副代表，入京要求清政府收回卖路谕旨。王文韶因老病未去，单衔上了一个专折。除孙诒让、雷奋也因故未去外，其他副代表都于一九〇七年底到达北京，坚持“八字宗旨”与外务部交涉。

在这次斗争中，两省人民表现了高度的爱国热情。当清政府勒借外款的谕旨宣布后，浙省铁路业务学生邬纲大愤，呕血而死。浙路副工程司汤绪绝食死。他们的“杀身成仁”，对两省人民的拒款斗争起了鼓动的作用。在卖路“谕旨”[④]颁发后一个月左右，两省铁路公司集股迅速得四千余万元。参加拒款会的上海学生当场“将零用钱倾囊交出，用以购买售价五元一张的股票”。[⑤]虽“佣贩妇竖，苦力贱役，亦皆激于公愤，节缩衣食，争先认股”。王文韶奏称：“民气之威奋，实所仅见。”[⑥]

苏浙争路，得到了他省铁路公司的支持。安徽铁路公司特开大会，并公电军机处、外务部，协力抗拒苏浙铁路借款。南洋华侨致电两路公司，要求：“力争”，“以弭后患”。留美中国学生集体发表《苏杭甬路案对外之解决》一文，说明解除草约并不违反国际法，以为拒借外款的“法律

①《东方杂志》四卷十期转载。
②《东方杂志》四卷十一期转载。
③ 光绪三十三年九月二日《中报》。
④《东方杂志》五卷一期，《记苏杭甬铁路拒借英款事》。
⑤ 一九〇七年十一月十五日《北华捷报》。
⑥《政艺通报》光绪丁未年卷五。

根据”。[①]

苏浙争路发生在民族工商业比较发达的地区。领导争路的，主要是江苏张謇、浙江汤寿潜等民族资产阶级的上层人物。他们既有一定的经济实力，又有一套改良主义的政治思想。他们操纵着某些政治性的团体和报刊，在争路中起了作用。

两省争路运动得到开展，是和上述因素分不开的。运动继续朝向前走，行将发生群众暴动，这是内外反动派的最大恐惧，也为领导争路的两省绅商所害怕。清政府电谕苏浙督抚："现在人心不靖，乱党滋多"，此次绅民争路，"难保无该党匪徒布散谣言，从中煽惑，阳借争路为名，实则阴怀叵测"。叫他们"认真防范"。[②]争路总代表王文韶的电奏也说："东南伏莽未靖，奸党勾结，时思窃发。自闻借款之信，众情胥愤，力谋抵制。商贾则议停贸易，佣役则相约辞工，杭城铺户且有停缴捐款之议。商市动摇，人心震骇。虽官绅竭力劝导，暂免暴动，设有不逞之徒，从中煽惑，隐患何堪设想。"[③]争路的苏浙京官及请愿代表与外务部官员在交涉中，一提到将重演"庚子之乱"，双方都谈虎色变，急急谋求结束的方案。

同时，由于资金不足，苏路公司曾电苏抚表示，愿借款兴筑"未办之路"。他们幻想只须"商办商借，直接英公司"，不由腐朽的清政府经手，便可免"蹈沪宁路之覆辙"。[④]

由于苏浙绅商的懦怯，争路运动就未能继续开展。一九〇八年三月，清政府与英国商定了一个变相出卖苏杭甬路的方案，由英国银公司借款一百五十万镑存于邮传部，以京奉铁路的余利作抵，由部转借于两路公司。铁路仍归商办。在借款期内，聘用英人为总工程司。两路公司拒绝英国工程司，无效。三月初六日，借款合同签押，因路线更改，易名沪杭甬。十七日，邮传部奏定《沪杭甬铁路存款章程》。苏浙争路告一段落。

这场斗争，苏浙人民赢得了一定的胜利：

---

① 皖路公司公电，见《东方杂志》四卷十一期；南洋华侨电，见光绪三十三年九月二十二日《申报》；留美学生合撰稿，见《东方杂志》五卷二期。

②《清德宗实录》卷五八一，页七。

③ 见《东方杂志》四卷十一期，《光绪三十三年十月中国事纪》。

④ 光绪三十三年九月十九日《申报》。

第一，争得“商办”之名，阻挠了帝国主义夺路与清政府卖路的阴谋。

第二，斗争推进了沪杭甬路的修筑工程。一九〇五年五月，沪嘉段工竣；八月，杭嘉段工竣；九月，沪杭接轨，全部通车。被中外所公认的是：沪杭铁路的工费低，而工程质量高，平均每里不过一万八千元，略多于沪宁路的三分之一，而“平稳坚固，实较沪宁为胜”。[①]

第三，促进了全国商办铁路运动。如安徽人民援例要求废约自办浦口至信阳之路；湖南人民从沪杭路的营业发达，加强了拒借外款、自办铁路的信心。

第四，苏浙争路在一定程度上促进了中国民族工业尤其是机械工业的发展。为供应铁路器材，浙路公司等发起建设扬子机器制造厂于汉口，张謇等扩建资生铁厂于通州；苏浙皖赣四省铁路公司合办车桥厂于上海。

但是，这场斗争很不彻底，两路公司仍被迫接受了变形为邮传部拨款的英国资本。按《存款章程》，规定：除年息五厘五毫外，“所有部借合同内中英公司应得之九三扣及九三扣虚息、提付余利及提付余利虚息、还本小二五行用、伦敦存款四厘亏息、购料包用及购料包用虚息”，还有“上海汇丰银行利息吃亏一款、十年外加还二镑半一款”等，均责成两路公司偿付，以满足英国资本家的贪欲。沪杭路通车后的第一年，收入一百八十余万元，支出八十万元，其中半数就是领取部拨存款的利息。[②]沪杭甬路虽为商办，英国不得干预路事也载入合同，但仍须“聘用”英国总工程司，操纵路局。在“利”和“权”两方面，依然没有割断英国帝国主义的魔爪。斗争仍在继续。

两路公司相约不用“部拨存款”，领取后存放银行，不动分毫，准备随时缴还；不与英籍总工程司合作，使之无法操纵路事。英国资本家便不肯如期拨清借款，邮传部也便无法如期拨款于两路公司。按章程于七个月内先拨八十万两，而实际仅拨给了五十万两。第二批到期延不拨付。两路公司便据章程第四条“倘到期不能拨付，或拨付不全者，此项存款章程即日作废”[③]之规定，于一九〇九年夏，向清政府要求；废约、退款和撤回

①《东方杂志》六卷五期，《沪嘉路线开车记事》。

②《东方杂志》六卷十二期，《宣统元年六月浙路股东会报告》。

③《邮传部存款章程》见《东方杂志》五卷六期。

英国总工程司，与英国垄断资本一刀两断。

清政府正在设计收拾商办铁路，矛头先指向沪杭甬路。

从一九〇八年起，国际帝国主义加紧掠夺中国的铁路。由于清政府的日益削弱，中国社会在激荡之中，各国财阀结成联盟，“欲以保障资本之利益，抵抗不良之行政”。[①]开始出现国际银行团的活动。其中以美国最为积极。自从这年塔虎脱当选总统后，美国的一次金融恐慌刚刚过去。塔虎脱代表美国垄断资本集团的意愿，决定向中国积极活动，在“门户开放”政策的花招下，和其他帝国主义竞争“开发中国”。他对中国的铁路垂涎三尺。一九〇九年，塔虎脱任命最老练的外交官员克兰为驻华公使，执行其铁路政策。阴谋投资于湖广铁路、锦瑷铁路及西潼、洛潼、开徐、清徐、海清五线。又主张开放“满洲铁道”为“公共铁道”，由列强共同投资．前美国副总统菲耶榜克也到中国，帮助克兰活动。[②]同年八月十九日的《巴黎时报》透露：美国将以湖广铁路为嚆矢，“欲于借款之间，扩全势力于中国”。[③]

国际帝国主义特别是美国的侵略活动，促使清政府加紧执行“借债筑路”的反动政策。一九〇八年，《大公报》发表的《论官办铁路之恶结果忠告邮部警醒国民》一文揭露：“数月以来，邮传部有一雷厉风行之新政见，震动夫全国，且惹起世界各国之注目者惟何？曰官办问题。……而对于各省铁路，尤处心积虑以谋之。无论已成未成，必欲使尽握于官手而后已。”[④]当时“官夺商路”的主要目标，是国际帝国主义最垂涎的粤汉、川汉二干路。张之洞的受任督办粤汉路与鄂境川汉路，就是列强投资于二路的先声。同时，清廷着邮传部派员调查各省商办铁路工事，严定期限完工，倘集股不足，或内部分歧，推诿误工，即撤销商办原案。显然是在制造官夺商路的理由。一九〇九年起，一连串的官商争路发生了。如山东的胶沂、烟潍二路，云南的滇桂、滇蜀二路，河南、江苏的开徐路，最突出

①《东方杂志》六卷十一期转译《巴黎时报》。

②《东方杂志》六卷七期，《五记湘鄂路线商借外款情形》，七卷一期，《宣统元年十二月中国大事记》。

③《东方杂志》六卷十一期转译《巴黎时报》。

④《东方杂志》五卷八期转载。

的则是湖广铁路。

为了收拾全国商办铁路，必先收拾商办最出色的沪杭甬路。某些权贵都把苏、浙争路当作“借债筑路”的严重阻力，把领导争路、督办工程最积极的浙路公司总理汤寿潜当作眼中钉。他们阴谋迫汤离开浙路，换上与汤反对的股东接任总理，动用“部拨存款”，便可逐步改为“官商合办”或“官督商办”。内幕流传：“某邸以各省拒款风潮，皆由汤寿潜一人所酿成，一日不去汤，即一日不能达借款之目的。”①于是汤之去留一时成了争路的焦点，而引起浙路风潮的再起。

一九〇九年八月，清政府行使调虎离山计，简授汤寿潜为云南按察使，令即到任。邮传部旋即通知浙路公司按商律改选总理。浙路股东会察破这是阴谋，坚决留汤，汤亦托词“亲老道远”，辞不赴任。清政府表面照顾汤就近养亲，改任江西提学使。浙路股东会继续留汤，汤仍辞不去。清政府的诡计未能得逞。

同时，邮传部非但不睬两路公司废除《存款章程》的严正要求，而且一再支持英国工程司与两路公司争权，暗诱明夺浙路公司之中国工程司黄春圃、邵善闻离去，并派员查账，存心叵测。②两路公司风闻邮传部将接办沪杭路，当即电质尚书徐世昌，尽管徐竭力“辟谣”，但是司马昭之心，已经是路人皆知了。③

为了实现商办全浙铁路，浙路公司继续大力招股，汤寿潜亲赴广东活动，并与海外华侨联系；杭甬段也动工修筑，还拟筑杭衢、杭广二线与江西、福建、广东的铁路接轨。浙路公司几乎担负起领导东南各省商办铁路运动的任务，于是汤寿潜更成为内外反动派集中打击的目标。

一九一〇年八月十七日，清廷授徐世昌为军机大臣，令盛宣怀回邮传部右侍郎本任。这两个卖路奸贼的升官受任，正是实行大规模“借债筑路”的信号。汤寿潜挺身反对。他致电军机处，指斥“盛宣怀既为借款之罪魁，又为拒款之祸首”，“朝廷不察而登用之”，“以鬼治病，安有愈理”？他要求“收回成命，或调离路事，以谢天下”。如果朝廷“以罪魁

---

①《汤寿潜》第八章，《浙江路变纪闻》。

② 同上书第四章，浙路股东述：《外务部邮传部苏杭甬路借款存款之大错》。

③《东方杂志》六卷十期，《续记浙路公司总理简授滇臬事》。

祸首为是，必以遵旨商办为非”，则请将自己严旨申饬，“勿令干预路事”，甚至悬首藁街，“以谢盛宣怀而为遵旨商办者戒”。他一则说：“寿潜中国男子，得免俯首低眉受罪魁祸首之教令，为幸大矣！”再则云：“寿潜蒙先帝殊知，未及抱龙髯而升，每自愧疚，今得从先帝于天上，亦算侥幸。”表明他从商办铁路的利益出发，准备一死，决心反对朝廷的这一措施。这显然不是汤、盛个人之争，也不单是浙路问题，而是中国人民反对清政府“借债筑路”、出卖中国主权的明显反映。正如汤寿潜自己所说：“不专为浙，不专为路，国之强弱是非而已。”[①]这一电文把清廷权贵震昏了头脑，悍然不顾地于八月二十三日发布严旨，斥责汤“措词诸多荒谬，狂悖已极，朝廷用人，自有权衡，岂容率意妄陈，无非为借此脱卸路事，自博美名，故作危辞以耸听，其用心诡谲，尤不可问”，“著即行革职，不准干预路事”。[②]

革汤消息震动了全国，某些资产阶级报刊立即揭露，这是扼杀全国商办铁路的阴谋，鼓动人民起而反抗。《天铎报》说得好：“七月十三日（阴历——引者）徐世昌入枢府，盛宣怀赴邮部右侍任；十九日乃有浙路总理汤寿潜革职不准干预路事之谕旨；同日邮部有奉旨派员赴查浙江铁路公司账目之电；二十一日枢府有饬江督、苏抚、浙抚、沪道严禁为汤开会集议之电，不十日间，枢府主借外债、震天撼地之新政策，昭然表暴于天下，而使全国之实业界顿遭夭折而入死地，先皇帝立宪预备之盛德及所特简之人、所宝贵之舆论、所颁行之商律路政，铲灭净尽，倾覆于新枢府之手，而于浙路首发其难，吁！烈矣！”这家报纸尖锐地指出，这是清政府假立宪的铁证：“凡官吏及达绅有敢执遵旨商办之言，上达民隐者其悉革职，则官吏与达绅惧矣。凡民营事业之资本悉以充公，有不遵者其杀戮之毋赦，则人民毋敢偶语矣。果如是，又何必纷纷扰扰，兴教育，振实业，设咨议局、自治局，蒙此立宪预备之假面目哉！”笔者最后呼吁：“呜呼！人民如仅知有新枢府，不知有国家也，与共有靦，不如无生。”[③]虽然他未能进一步示意人民爱国必须推翻清政府，但是文章已经相当富有煽动

① 见《汤寿潜》第六章。

②《宣统政纪》卷二十五。

③《汤寿潜》第七章。

性，把清政府的卖国面目揭开来了。

浙江全省顿时进入沸腾状态。清政府的一纸上谕收拾汤寿潜是有余，却冷不防触怒了站在汤背后的广大浙江人民。有人公开警告清政府说："浙路股东，劳动食力者占多数，平日信用汤公，铢积寸累以购路股，今汤去路危，血本无着，势必群相纷扰，际此浙省水灾迭见，饥民遍地，万一乘机起事，大局何堪设想！"①愤不可忍的下层群众，确实准备用暴动来回击清政府的专横措施了。请看杭州人民的动态。有人报导："杭垣自邮传部元电发后，人心异常愤激，茶寮酒肆以及衢巷之间，所谈无非路事，有三两成群窃窃私语者，有对众扬言大声疾呼者，甚且谓现在情形实系政府强迫我人民暴动，我人民亦不能再守秩序云。"宁波浙路维持会给各报公电说："今日为浙路事，万众共愤，有数万人齐拥至道署，要求电禀抚宪，代奏留汤，保全商办。桑道允即电禀，当将电禀揭示，人众始散，声言若不收回成命，必暴动云。"②

领导争路的浙江上层绅商，始终是前怕虎、后怕狼。他们一方面要求保路、保浙、欲仗群众声势以慑制清政府；另一方面又害怕真的激起民变，危及本身的安全。浙江咨议局致留京同乡电说："路事自奉元电，人心益骇，各属函电纷驰，误会殊甚。浙中偏灾迭告，民穷思乱，焚毁学堂局所之事，几至日有所闻。维系人心，断非压力所能强制。……就目前论，蛰老之应留与否，合同之得废与否，皆不暇计，所惧人心一失，后患不堪设想。"③可见他们所最怕的已经不是帝国主义夺路，而是人民"造反"了。但是势成骑虎，争路欲罢不能，由争路而引起风潮，失路必然激变，不能不继续争路以平息风潮。于是浙江绅商们急"筹文明之挽救"，战战兢兢地祭起了两件法宝：一件是通过成立不久的资政院、咨议局——预备立宪机构，向政府力争；一件是根据《大清商律·公司律》第七十七条规定，"公司总办或总司理人、司事人等，均由董事局选派，如有不胜任及舞弊者，亦由董事局开除"。认为浙路总理的任替，须由股

① 同上书第八章，《再哭浙路》。

② 以上新闻均见《汤寿潜》第八章。

③ 见《汤寿潜》第十二章。

东会公决，不应由朝廷进退，“剥夺人民应享之权利”。[①]于是人民向立法机关控诉政府违法的一幕滑稽剧，居然上演了。在半殖民地半封建的中国，在君主专制制度的统治下，是绝对不可能实行资产阶级民主政治的。浙江绅商不认识清政府的“预备立宪”，是一个彻头彻尾的骗局，资政院、咨议局不过是几株迷人的花朵，不可能起“监督政府”的实际作用。他们也不认识法律是清政府统治人民的工具，它可以随心所欲地制订、取消和解释。他们企图在“宪政”和“法律”的范围内，乞求朝廷回心转意，这当然是一种幻想。浙路股东代表朱福诜等向资政院申诉，同时到邮传部交涉。邮传部侍郎沈云沛一口咬定铁路关系军国大政，与一般商办企业不同，《商律·公司律》不适用于铁路公司。当浙路代表引证邮传部历次致浙路文件，有据商律改选总理的字样时，沈理绌词穷，硬说股东选举总理后仍由部奏派，既经奏派，就有权斥革。[②]资政院向政府质问，也无效果。代表们便退一步，把汤的问题撇在一边，先要求废除《存款章程》，争取保全沪杭甬路，以免众小股东激变。正当双方辩论不休时，苏路公司来了“先斩后奏”的一着。一九一一年二月，苏路公司呈报邮传部，宣布股东会决议：因“存款章程”失效，已将英国工程司辞退。又因邮传部强迫借款，致使集股困难，故已领之部拨存款，不再退还，以补偿损失。浙路公司也报部采取一致行动，[③]这时，恼羞成怒的英国帝国主义出场了。它严厉斥责清政府的无能：“查近日中国以管理铁路之权，内外互争，殊为怪现相，应行立即消除。就沪杭甬路而论，以煌煌谕旨，竟失实效，岂不令人齿冷。”责令“将铁路收回，并敕令按照光绪三十四年二月初四日所定借款合同办理”。[④]这样硬干，清政府毕竟有些胆怯，它狡猾地派人到上海，分化浙路股东，教唆某些大股东，借口资金不足，呈请“归回部办”。这些大绅商也不敢这样冒天下之不韪，没有结果。遂由盛宣怀与中英公司协议，将沪杭甬借款移作开封徐州铁路借款。开徐线由苏路公司承筑，因集股困难，拟借外债修造此路。盛

---

① 见《东方杂志》七卷九期，《浙路总理汤寿潜革职后余闻》。

②《东方杂志》七卷十一期，《浙路总理汤寿潜革职后续闻》。

③ 据外务部档案。

④ 英使朱尔典致外务部照会，见外务部档案。

宣怀的这一移花接木方案得到通过，正是利用了中国民族资本的软弱。从此，沪杭甬路争得了完全商办，这是浙江人民的胜利。

浙路风潮是清政府打击全国商办铁路而引起的反抗，它是被平息下去了，但是内外反动派与中国人民之间对铁路的斗争，仍在发展，一波未平，一波又起，同时发生的湖广争路终成僵局。

一九〇六年，清政府降谕许湖北、湖南、广东三省绅民分段进行商办粤汉铁路的活动。湖南绅民最积极，铁路公司成立最早，招股筑路成绩最著。其次是广东，侨商多，资金雄厚，但因内部矛盾重重，先是官商争权，继又发生大小股东之间的斗争，铁路公司一度瓦解，筑路成绩大受影响。湖北受总督张之洞的压制最力，他一贯主张湖北铁路官办，只许商人搭股。即使已许商办的省份，也须官督。官办铁路必须借债，这当然为湖北人民所反对，但商办铁路也因此受阻。一直到张调入军机处之后，湖北的商办铁路迟未进行。

一九〇八年，清政府决心实行大规模借债筑路，主要目标是贯通西南，容易获利的粤汉、川汉两干路。是年七月，清廷突然任命张之洞以军机大臣兼充粤汉铁路督办大臣。当时资产阶级的评论家就公开提出疑问："粤汉商路也，而有督办，……闻粤人颇疑之。"①十月，清廷又特颁谕旨。专张之洞督办粤汉铁路事权。那位评论家又说："以枢相之尊，督办一铁路，尚虑事权之不专，无亦深知商办谕旨之不易弁髦乎！枢臣口衔天宪，欲专斯专，今而后莫有议其后矣！"②他已经察觉这是官夺商路的步骤；但未能彻底道破清政府的卑怯心理。即商办谕旨，本来是容易撕毁的，只因为在这道谕旨的背后，隐现着千百万群众的爱国潮流，这就使清政府感到"不易弁髦"，而身为枢相之尊的张之洞也深怕事权不专了。十二月，清政府又命张之洞兼督鄂境川汉铁路。于是粤汉路和湖北境内的川汉路都在这个铁路"官办主义"者的督办之下。

像吸血的蚊蝇一样，一群帝国主义列强的银行资本家紧跟着张之洞的周围，阴谋通过这个行将就木的老牌洋务派官僚之手，把湖广铁路送进

---

①《东方杂志》五卷七期，孟森：《光绪三十四年六月大事记》。

②《东方杂志》五卷十一期，《光绪三十四年十月大事记》。

他们的虎口。

当张之洞向英国借款赎回粤汉路后，英国即乘机与张洞协议借款二百万镑。为修造湖北铁路之用。不久张之洞调入军机处，未及成交。现在旧事重提，他向中英公司“商借”二百万镑修筑湖北铁路，另借一百五十万镑修筑湖南铁路。张拟仿津浦成案，不以路权作抵，以缓和人民反抗。中英公司坚持借款与路权不分，张之洞不敢接受。德国乘机插手，愿仿津浦合同，息扣更轻，承担湖广铁路借款，与张达成了协议。英国慌忙转圜，愿降低条件，改由汇丰银行与德商合借湖广路款。为了联合法国以抵制德国，英国借口原议之中英公司附有法商股份，仍愿与法商合办。一九〇九年三月，张之洞与英商汇丰银行、法商东方汇理银行、德商德华银行议定合借两湖粤汉、鄂境川汉路款英金五百五十万镑，以两省厘金等作押，粤汉路用英国工程司，川汉路用德籍工程司。五月十四日，三国银行团在柏林也达成了协议。这一铁路借款反映出帝国主义之间的深刻矛盾，从此德国资本插进长江流域，冲破了英国在这里的独占权限；同时也显示出列强掠夺中国铁路的空前严重性，它们联合起来，夺取粤汉、川汉两条贯通中国西南部的主要铁路了。

三国借款谈判期间，日、俄也思染指，被英国所堵绝。张之洞正待把借款合同上奏时，一个最凶恶的帝国主义国家——美国出头干预了。

美国政府借口清政府于一九〇四年会有诺言：“如中国修筑川汉铁路感资金不足时，当通知英、美两国资本家。”这是保证美国有优先借款之据。它向英、法、德三国及清政府声明，坚决要求参加投资于湖广铁路。张之洞以业经议定草约，“为时已迟”，“不及将美国增入”为词，婉言复绝。美国深知阻力非来自清政府而是它幕后的三国，但必须对清政府施加重大压力，才能迫使三国让步。一九〇九年七月十五日，塔虎脱亲电摄政王载沣，要求得出“满意的结果”。同日，美国政府训令驻华公使：“严肃警告中国政府”，“若美国的合理要求被摒弃，则中国政府应负完全责任。”同时它勾串英、法、德三国，提议组织四国银团，使之成为“一十分满意的赢利团体”,[1]在“门户开放”的花招下，大量向中国投资，达到获取高

① 以上均见《美国外交文件》。

额利润的卑鄙目的。清政府被迫屈服，强盗间也达成“谅解”，一九一〇年五月，四国银团在巴黎签押，议借六百万镑英金与清政府，修筑湖广铁路，四国均分；购材料、派工程司等，美国都斤斤计较，要求与英、德平分秋色。美国投资限于川汉线，它企图延长至四川境内，因超出原合同范围，暂时不能实现，留待下一步。

湖广人民坚决反对借款筑路。当清政府任命张之洞为粤汉和湖北境内川汉铁路的督办大臣时，鄂、湘、粤三省人民即知来意不善，噪起了一片反对官督的声浪。接着便掀起湘、鄂拒款之争。

从一九〇八年冬起，湖南绅民便开展一个以“拒债”、“集股”为中心的保路运动。受革命思想影响的湖南留日学生，充当了号角。一九〇九年八月，他们出版《湘路警钟》(后改名《湘路危言》)，宣传保路。湖南绅商也祭起了“立宪”的法宝，湖南咨议局初选议员八百余人致函清政府：“照咨议局章程，本省权利之存废，应由议员决定”，“铁路借款，湘人决不承认”。议员谭延闿等组成湘省集股会，以抽股、认股等办法，预备以四年为期，积累股金二千六百万元，筑成湘境粤汉全路。一九〇九年八月，株洲至长沙之段开始兴工。[①]

湖北绅商受张之洞的压制与欺骗，发动拒款斗争较迟。直到一九〇九年九月，张之洞与三国银行团的借款合同已经签押，留日湖北学生首先反对，派代表张伯烈等回鄂呼吁；湖北咨议局成立，促进了“民主”的气氛；而张之洞旋即死去，湖广铁路改归邮传部接办，减少了湖北绅民的顾忌，于是争路风潮也如火如荼地发展起来了。

一九〇九年十一月，湖北的绅商军学界组成了湖北铁路协会，有组织地开展拒款筑路运动。张伯烈等留日学生代表起了骨干的作用。

湖北争路的特色，是比较广泛地调动了各个阶级和各个阶层。十一月十四日，铁路协会于汉口召开特别大会，咨议局代表汤化龙及到会的绅商军学各界均发表演说，情词激昂。张伯烈声泪俱下，感动人心。特别引人注目的，有农民余民三、士兵陶勋臣、星士黄孝春等下层人物也登台发言。在爱国热情的激动下，黄孝春不顾自己的生活困难，“探怀捐钱四串，

① 见《湘路纪事》。

充协会经费，为富有力者倡”。当协会决定组织湖北商办铁路公司，发出集股二千五百万元的号召后，全省“各官立公立私立学堂皆提倡捐集路股，不惟教员学生集股，而火房斋役人等亦各踊跃将事”。受革命影响的湖北新军将士也抽薪认股。咨议局议员代表各府州县的绅商认股。个别殷富如荆门车斗南、孝感黄赞枢等都独认五万元。[①]这样规模的集股运动，连日本驻汉口的外交人员也震骇“为清国从来未有的壮举”。[②]

十一月十八日，铁路协会再开大会，公举入京代表，张伯烈以“人微言轻”，不受推举，军人陶勋臣当场拔刀断指，血淋漓，要求张坚决北去，演出了极其悲壮的一幕。[③]

张伯烈等到京后，与邮传部尚书徐世昌进行了面对面的斗争，要求废约和准归商办。徐世昌谩骂他们无钱筑路，必须借债官办。张伯烈绝食哭泣，几天几夜坚持在徐的家里。尽管他淌干眼泪，不可能改变清政府卖路的决策；但是他的哭声一传到湖北，把湖北各界激动起来，愤不可忍，回音传到北京，“湖北有可能酿成大乱”，且有陆军参加云云。[④]一时杯弓蛇影，清政府吓慌了手脚，不得不来个缓兵之计，于一九一〇年三月，邮传部批准湖北设立商办粤汉、川汉铁路公司。实际上向各国银行团借款的合同并未废除，“批准商办”仍是空话，而天真的请愿代表却以为目的已达，便回汉口去了。

湖南人民从湖北争路的昂扬得到鞭策。《湘路危言》的记者写道：“湖北人之拒债，虽在湖南人之后，然其慷慨激昂，则百倍加于湖南人。”“可敬哉湖北人也！”“愿吾内地同胞贾其余勇，联络湖北人以同舟共济。”[⑤]

一九〇九年，新成立的湖南咨议局对铁路问题做了决议：一、拒借外债；二、实行商办；三、拟定筹款之法；四、限期五年筑竣湘省粤汉全程一千三百七十里。湘人“无日不以筹款招股为事”。全省公私各校教职工

① 以上均见《东方杂志》六卷十二期，《九记湘鄂路线商借外款情形》。

② 中国科学院经济研究所藏日文档案。

③ 见《湘路纪事》。

④ 以上均见《东方杂志》六卷十二期，《九记湘鄂路线商借外款情形》。

⑤《辛亥革命》第四册，五四七—五四八页。

除特别认股外，月抽薪金十分之一。学生亦减膳入股。长沙学生六千人，统计全年可入三千股，共一万五千元[①]。其他各界入股也很踊跃。至同年的秋冬之交，株长段已铺土逾半，力争于一九一〇年通车，再以客运收入铺筑其他线段。

为麻痹湖南人民的反抗情绪，清政府也准许湘境粤汉铁路商办。一九〇九年十二月，湖南巡抚岑春蓂奏湘境粤汉铁路由全省人民集款自办，奉旨："邮传部知道。"

清政府扼杀两湖商办铁路的阴谋，不久便暴露了。它首先对付开始招股的湖北。限期于六个月筹足股款，成立公司，逾期则仍借款官办。而当时"年荒米贵，商业萧条，致缴路股者寥寥无几"。在部批之后两个月，鄂路协会收到股金不足二百万元，不到认股的五分之一。鄂省绅商拟推大清银行副监督黎大钧为公司总理，借大清银行号召路股，而黎因争路被免职，失去作用。湖北地方官又禁止为路事开会鼓动，使人心懈弛。[②]鄂路协会最后按部批限期于一九一〇年九月成立铁路公司，选举札风池为总理。不料公司成立后仅几天，忽有部分股东攻击札是旗人，不能充当鄂路总理，如札必欲担任，必须独筹路股巨款云云。札被迫辞职，公司瓦解。这时邮传部开口说话了，说什么"湖北招股无望"，只得仍"借款官办"云云。[③]湖南准备推举代表入京，请废借款合同，邮传部复电拒绝。[④]"批准商办"，显然是个骗局。

四国银行团对清政府这样做还不满意。它们通过驻华公使催令签押。一九一一年五月，清政府一面撤销批准湖广铁路商办之案，一面于四国银行借款合同上签字。两湖的商办铁路就此完了。

上述清末的历次争路，反映出帝国主义与中国人民之间在铁路问题上的矛盾日益深刻。先是列强利用中日战后强迫清政府所协议的草约，夺取津镇、沪宁等路，刺激了中国人民自办铁路运动的高涨。继而是帝国主义勾结清政府，阴谋扼杀中国的商办铁路，发生苏浙和湘鄂人民的争路风

---

①《东方杂志》七卷六期，《各省路事汇录》。

②《东方杂志》七卷五期，《各省路事述闻》。

③《东方杂志》七卷十二期，《记湖北铁路总理被逼辞职事》。

④《东方杂志》七卷四期，《十四记湘鄂路线商借外款情形》。

潮。苏浙争路取得胜利，湘鄂争路成了僵局。在历次争路中，清政府越来越和人民站在对立的方面。粤汉赎路，表面是“官民合作”的。津镇、沪宁两路之争，人民还是支持和推动政府向列强要回路权，结果清政府迁就列强，只是改变了某些卖路的形式与条件，被人民咒骂的是袁世凯、盛宣怀等个别卖国官员。沪杭甬路之争，已因清政府勒借外债，人民公开与煌煌谕旨相对抗。浙路风潮再起与湘鄂争路的结果，清政府公然勾串帝国主义向人民夺路，宣告与人民决裂。这是清政府越来越把自己推向革命火海的历史法则。

内外反动派的夺取川汉、粤汉两路，是有步骤的。先是夺取湘鄂境内的一段，以缩小反对的范围；继而为伸展至四川、广东境内，必须夺取两路的全程，便巧立名目，提出“干路国有”政策。清政府把一条勒死自己的绳索，套在脖子上，一环套一环，一扣紧一扣，终于催促了自己的死亡。

四、“铁路干线国有”政策成了辛亥革命的导火线

在一九一〇年下半年，争路风潮正在澎湃进行的时候，中国政治舞台上演出了一幕怪剧，各省督抚函电纷驰，展开了“借债筑路大问题”的热烈讨论。带头的是满洲贵族中以“开明”著称的东三省总督锡良和湖广总督瑞澂。他们合词上奏，居然提出借债造路“可为我国第一救亡政策”的谬论。他们认为各省预算岁亏四千万，预备增款尚未开列，非借债不能维持。“凡百生利，莫如铁路之速”，应借债赶筑粤汉、川藏、伊黑、张恰四干路。[①]“干路国有”的眉目已经毕露。在讨论中，有人迎合舆论，提出借债筑路须有内阁主持，国会监督。于是他们又合词奏请提前召开国会与成立内阁。清廷企图实现假立宪、真卖路的阴谋，于一九一〇年十一月下谕提前于宣统五年（一九一三）召开议会并预行组织内阁。

领导争路的资产阶级代言人张謇等大为高兴，因为他们向来主张立宪，走改良主义道路，把立宪当作抗拒列强瓜分和抵制群众革命的万妙

---

①《东方杂志》七卷九期，《中国时事汇录》。

灵丹。他们也就被称作“立宪派”，代表民族资产阶级的右翼，以区别于资产阶级中的左翼——革命派。与争路同时，张謇、汤寿潜、郑孝胥等于一九〇六年在上海组成预备立宪公会；积极参加一九〇八年的第一次国会大请愿；又发起一九〇九年的第二次国会大请愿。铁路与立宪成为他们面临的两大课题。立宪派对内外反动派均有幻想。他们幻想清政府能听从劝说，自动交出君主专制大权，实行议会政治。又错误地认为外国资产阶级在华投资，是为了营利，“分所当为”。由于中国“握政柄者”的腐朽，“遂授人以太阿之柄”。[①]如果实行立宪，政府受议会监督，“借债筑路”就不会成为卖路。现在清政府因借债筑路而准备提早立宪，当然使他们高兴。立宪派虽然发起商办铁路，要求收回利权，但无法克服资金不足等的困难，而幻想利用外资。一九〇九年八月十九日的《巴黎时报》即幸灾乐祸地说：“数年来中人排斥外国资本之热潮极盛，铁路矿产皆以收回自办为唯一之目的。一时发生之社会颇多，皆从事于研究建筑及集合资本，其中亦有著成效者，特不能十分迅速，于经济、经验学问各点，既皆欠乏，政府又不能集合各分子之势力而利用之，此其所以仍不能不借助于外人耳。”[②]张謇领导的苏路公司即在上海公开登报招募外股。立宪派对清政府的财政危机也束手无策。因而赞成借债修筑干路，以为立宪的财政基础。以上这些，正反映出中国民族资产阶级在经济上和政治上的软弱性，特别是它的右翼，当国内阶级斗争日益尖锐的时候，他们越来越有向内外反动势力妥协并充当它们助手的危险。

正当各省督抚讨论铁路与立宪的时候，苏浙资产阶级的喉舌，一贯宣传拒款争路的上海《东方杂志》也论调大变，发表了一篇《借款筑路问题》的文章。作者强调铁路宜归官办，他历举当时商办铁路之弊说：“我国商办铁路如粤汉则股东争权舞弊，糜费千万，争讼累年，卒未成数百里之路。如川汉糜费舞弊，本年更有驻沪施某亏倒公司存款之事。如鄂路争归商办，股本至今未集，日来又因选举总理札某，众以为旗籍，群起反对，内讧益烈。如浙路今正风潮澎湃，不知所底。如闽路商办累年，认股

---

① 见《汤寿潜》第三章。

② 见《汤寿潜》第三章。

寥寥，前借交通银行五十万，顷又将告罄，总理在京遥领路事，闽局、厦局种种糜费，徒延时日，糜金钱，而于成路之期终无望也。若归国有，则诸弊均可去。”作者指出，铁路国有是以立宪为前提的。“吾国政体则专制也，官吏营私舞弊，无国会之承诺、会计院之检查也，故民办之弊，尚有多数股东及董事会为之监察，而官办则惟为所欲为而已。”他认为“外债非不可借，即借外债以筑路亦非不可行，惟视其时政体之如何及政府之如何而已”。结论说：“若今日之政府，国是未定，政见不一，用人则各私其人，行政则各私其政，……虽有善策，执行者谁欤？监督者谁欤？”[①]这篇文章完全道出了当时立宪派的政见，它向全国示意，只要政府立宪，借债筑路是可以的。

为拉拢和利用立宪派，北京传出了行将任命张謇、郑孝胥为新内阁秘书长的消息。[②]一九一一年上半年，“东南三大名流”——张、郑、汤（也是全国立宪派的首脑）次第入京，邮传部尚书盛宣怀和川汉粤汉铁路督办大臣端方殷勤招待他们，时而清谈，时而聚宴。[③]盛宣怀慷慨解囊，为立宪派办报。[④]又弃嫌就好，准备为汤寿潜开复革职处分。[⑤]盛和端方计议，命郑孝胥为湖南藩司，兼充督办两路的参赞。[⑥]盛又拟荐张謇为农工商部侍郎。[⑦]是年六月，川路风潮初起，张謇、郑孝胥先后被摄政王所召见，张謇建议政府赎回全部商股（包括亏耗在内）以平息风潮；[⑧]郑孝胥则“痛论借债造路为变法之本策”。[⑨]立宪派的几个主脑已经明白表示赞成“干路国有”政策了。

---

①《东方杂志》七卷八期。

②《郑孝胥日记》：宣统三年正月二十五日，“郭秋屏来，言日来颇传言予及张季直皆将召入为新内阁秘书长”（中国历史博物馆藏稿本）。

③ 参见郑孝胥宣统三年《日记》及李钟珏：《且顽老人七十自述》。

④ 北京《宪报》受盛宣怀津贴，陈叔通先生说。

⑤ 见《盛宣怀行述》。

⑥ 见郑孝胥宣统三年五月《日记》。

⑦ 当时的南通《星报》透露，谓清廷将授张謇为农工商部大臣，此据陈叔通先生说。陈先生时在北京，与刘垣（厚生）共劝阻张謇受职。

⑧ 见《啬翁自订年谱》卷下。

⑨ 郑孝胥宣统三年五月二十五日《日记》。

帝国主义银行团的活动，清政府的财政危机，加上立宪派随声附和，促成了“干路国有”政策的宣布。一九一一年五月，邮传部借给事中石长信一奏，提出了酝酿已久的“干路国有”问题，清廷立即严旨“昭示天下，干路均归国有，定为政策”。“其从前批准干路各案，一律取销。”“如有不顾大局，故意扰乱路政，煽惑抵抗，即照违制论。”[①]当时具体执行的是川汉、粤汉两路，立刻引起川、鄂、湘、粤四省绅民的反对。清廷授权督抚“格杀勿论”。

四省绅民所争的是权、利二项，但名为“干路国有”，表面不以路权抵给外国债主，对“权”的问题，无词可措；清政府承赎各省商股，但不包认亏耗之款，对鄂、湘、粤三省绅民的利益损害不大，从本身的安全出发，且在“国有”的大帽子下，三省上层绅商的反对并不积极，经过一阵噪嚷后，并未把下层群众牵动起来，立即演成巨大风潮。四川的股款以租股为大宗。租股系由川路公司委托各府州县，于征漕时，向粮户附捐百分之三，收谷十石起捐，大、中、小地主和富农均不能免。因经吏役之手，层层中饱。商办川路公司由官办公司蝉蜕而成，监督、查账等制度均不健全，在各省铁路公司中，舞弊最多。一九一〇年三月，四川旅京官学各界开会揭发川路公司勒捐股款，人民不堪负担，“变乱”迭生。[②]四川京官甘大璋等揭发公司总理乔树枏任用私人施典章，将股金存放上海钱庄，营私渔利，恰值是年上海发生金融恐慌，正元等五庄倒闭，川路股款被倒账一百三十余万两，另亏挪二百余万两。[③]引起政府查办，舆论哗然。还有其他种种亏耗。“国有”政策宣布后，清政府不包认亏耗之款，这就使经管公司的上层绅商无法交账，于是铤而走险，掀起“保路运动”。股金征自各州县，利害牵涉全省各阶级、各阶层，清政府又采取高压政策，遂使风潮愈演愈烈，革命党人和会党乘机活动，从和平请愿转化而为武装起义，把清政府的反动统治打开了一个巨大缺口，成为辛亥革命的导火线。关于川路风潮，论者已多，本文不赘。

---

①《愚斋存稿》卷十七，页一一三。

②《东方杂志》七卷三期，《各省路事汇录》。

③《东方杂志》七卷十期，《各省路事续闻》。

结 语

综上所述，可见在中日战后特别是《辛丑和约》签订后的十年间，铁路是帝国主义对中国进行资本侵略和清政府对外出卖利权的主要对象，因而铁路问题，成为当时中国社会矛盾的主要反映。一九一〇年，留日铁路学生二百余人公认："现今国是，惟铁路为最急且危，"①正道着了这个历史的症结。铁路伸展到全国各个角落，触及到社会各个阶级。各省争路风潮与其他民变不同，它是比较有组织地进行的各阶级、各阶层的联合运动。它一次更进一次地揭穿了清政府的卖国面目。尽管领导争路的上层绅商始终不愿脱出"和平"的轨道，然而无法避免把下层群众牵动和激怒起来，朝向革命化的道路。铁路风潮，就成了辛亥革命的导火线。人民从反对帝国主义夺路发展到反对清政府卖路，也就是反对它卖国，最后起而要求推翻这个"洋人的朝廷"，这是历史的必然趋势。正如毛主席所说："辛亥革命是革帝国主义的命。中国人所以要革清朝的命，是因为清朝是帝国主义的走狗。"②

帝国主义夺路和清政府卖路的主要目标是干路。继京奉、京汉、津浦等路之后，川汉、粤汉二路成了掠卖的重心，也就在川、粤二路问题上，清政府制订了自杀政策——"干路国有"。

争路风潮主要在两个地区开展：一个是民族资本主义比较发达的苏浙地区，另一个是川、粤二路沿线的川鄂湘粤四省。苏浙争路虽执全国商办铁路运动的牛耳，但它面对的还仅是一个英帝国主义。尽管内外反动派企图首先扼杀苏浙商路，但仅是偏师侧击，最后被迫撤移，把矛盾局部缓和下去。而在四个西方强国联合进攻下的湖广争路，就胶住不解，延伸及于川、粤，把中国人民反抗帝国主义及其走狗的各种力量调集起来，进行决战，燃火于四川，燎遍了全国，这就是伟大的辛亥革命。

原载《历史研究》1964年第2期

---

①《东方杂志》七卷二期，《记留日中国铁路会成立事》。

②《毛泽东选集》第四卷，一五一七页。

《磷血丛钞》[1]辨伪

辨伪，是史料学的首要任务。太平天国的史料极为丰富，但出于伪造的也不少。罗尔纲同志著《太平天国史料辨伪集》，总结了辨伪工作的若干经验，这对我们鉴定《磷血丛钞》有巨大的帮助。

一、重温罗尔纲同志鉴定伪书《江南春梦庵笔记》的经验

《太平天国史料辨伪集》的首篇也是全书代表作：《太平天国史料里的第一部大伪书——〈江南春梦庵笔记〉考伪》。

《江南春梦庵笔记》署名“武昌沈懋良撰”。书后有春草吟庐主人跋，极力吹捧它的史料价值。“懋良陷贼十三年，相处者又倡乱之巨逆，宜乎其所言源源本本，如数家珍也。”又说：“所载群逆之出处，伪制之详明，又足补诸书所未备。”在叙述洪杨来历时，作者沈懋良曾交代：“上皆蒙得恩所言。”书中又强调蒙得恩对作者的恩遇：“予自入金陵，蒙逆即以卜姓女妻我……”可见与作者相处十三年的“倡乱之巨逆”，是太平天国赞王蒙得恩。

这一大伪书出笼于清光绪间，收入上海申报馆聚珍版《四溟琐记》内。解放后又辑入神州国光本《太平天国资料丛刊》第四册中。尽管它眩迷了一些人目，如历史家朱希祖曾相信“所载事迹，则多真确”，[2]然而，研究太平天国史的老专家简又文早已否定这书某些记载的真确性。他在考证洪秀全生辰时说：“关于天王洪秀全诞生之年月日，见诸中外各家记载者，截到现在，得有下列九说：……”其中（四）“嘉庆十七年壬申九月初九日未时，见沈懋良：《江南春梦庵笔记》”，简氏断言：“此说不可

①《磷血丛钞》之“磷”，原作“燐”，现从规范，改作“磷”。

② 朱希祖：《太平天国丛书》第一集序。

信。”①

但是，任何史料，总有传闻失实等处，不可能所记全部真确。《江南春梦庵笔记》之所以被罗尔纲同志揭露为伪书，绝不是由于它的部分内容不真确，而是由于全书虚构伪托。从史料的来源和内容之间的矛盾上，罗尔纲同志发现那个自称长期在蒙得恩身边的沈懋良，对蒙得恩的情况却几乎是无知。

（一）蒙得恩虽然是金田起义的老兄弟，但不是“倡乱”的首脑人物。到了一八五九年，他才封王。然而《江南春梦庵笔记》却说：“金田倡乱之时，逆党与密谋者，惟东、西、南、北、翼、赞六逆，伪翼王曰石达开，伪赞王曰蒙得恩，外皆后进也。”显然这是虚构了蒙得恩的历史。

（二）蒙得恩在金田起义时，已快四十岁，他同长子蒙时雍一起参加革命。蒙得恩在金田入营，蒙时雍在平南县花洲入营。《江南春梦庵笔记》却说：“蒙得恩，广西人，从逆时仅十九岁。”显然这是虚构了蒙得恩的年纪。

（三）蒙得恩有五个儿子，时雍、时安、时发、时和、时泰。《江南春梦庵笔记》却胡诌蒙得恩“无子，生三女，长适西逆肖全福，次配仁玕子，三未字”。显然这是虚构了蒙得恩的家庭。

（四）蒙得恩早于辛酉十一年病逝。《江南春梦庵笔记》却说，甲子十四年天京失陷前几天蒙得恩还在天王宫值宿。显然这是虚构了蒙得恩的生平。

从以上判断，书的作者并不是长期在蒙得恩身边的人。那么，他的史料究竟来自何处呢？罗尔纲同志花了巨大考证工夫，进一步揭露了《江南春梦庵笔记》作伪的真相。原来它是这样产生的。

其一，凭空捏造。如说幼天王是国舅赖汉英前妻所生子，天王后赖氏原是赖汉英继室，等等。

其二，篡改文献。如把天王两篇《改历诏》并成一篇，并把“九月初九哥降节，靠哥脱罪记当初”的后一句篡改为“亦朕降世记当初”，以此证成天王诞生于九月初九的谬说，等等。

在掌握了大量确凿的证据之后，罗尔纲同志给《江南春梦庵笔记》

① 简又文：《太平军广西首义史》。

定下铁案，宣判它是一部大伪书。

《江南春梦庵笔记》曾经欺骗了一些人。正如罗尔纲同志所说：“有人根据它来考证太平天国的律法与印行的书籍，有人根据它来考证《天朝田亩制度》与太平天国的考试制度、省制等。他们在考证太平天国史的工作上，都把它的记载作为断定太平天国史事的最重要的根据，即使遇到文献俱在，记载分明，千真万确的史事，而因为它有不同的异说，也居然根据它来怀疑真实的历史。这部大伪书，对太平天国史以伪乱真，到了怎样的地步，发生了怎样严重的恶劣影响，于此可以想见。”揭穿这部大伪书，澄清它的恶劣影响，留给我们深刻的教训，这是罗尔纲同志对太平天国史料学所做出的一大贡献。时隔二十余年，重温罗尔纲同志鉴定《江南春梦庵笔记》是伪书的经验，对我们仍然是非常有益的。

二、《磷血丛钞》几乎是《江南春梦庵笔记》的翻版和续篇

一九七九年十月，上海古籍出版社出版的《中华文史论丛增刊——太平天国史料专辑》发表了十三种新史料，其中有《磷血丛钞》的节选本。编者〔说明〕：

> 《磷血丛钞》共四卷，约十二万字。据苏州市文管会范烟桥先生（已故）考订，该书系吴县谢绥之（家福）所撰（见《太平天国时笔记选录——〈磷血丛钞〉》，载《光明日报》一九六二年八月二十三日）。谢绥之在序言中说：“咸丰庚申四月，贼陷吴门，予躬罹其厄，越一月，始脱虎口。同治癸亥，奏恢复功，予己［又］随军入城，先收图籍，得备见贼人著述，事涉诡奇，随笔摘录。见闻所及，亦附于编。”可见，《磷血丛钞》主要是一本太平军将士著述和时人笔记的汇编。《磷血丛钞》所搜集的笔记和日记，共有三十多种，基本上都是记载太平天国在苏州地区的革命活动。据初步校核，其中有些著述是罕见的。它对研究太平天国后期苏州地区的政治、经济等是有较大参考价值的。

本专辑现选录了此书一、三、四卷中太平军将士的部分著述和未曾公开刊印的时人笔记若干篇，以供研究太平天国史的参考。

但我看了这节选本之后，发现其中有不少段落，不是什么“未曾公开刊印的时人笔记”，而是早已出笼的《江南春梦庵笔记》。有的是全文照抄，如《江南春梦庵笔记》：

伪春官所颁节日除夕祝文云：“小子某率领众小子外小等跪在地下，祷告天父上主皇上帝老亲爷爷、救世真圣主天兄亲大哥，今于某月某日虔备茶果灯亮酬谢天恩，恳求天父天兄时锡圣神，化醒天下万郭臣民，早日回心，共同赞美天父上帝独一权能，祝福小子众小子等百战百胜，无灾无害，有衣有食，托救世真圣主天兄基督赎罪功曹，转求天父上主皇上帝在天神灵，在地如在天焉。俯准所求，心诚亚孟。”

《磷血丛钞》：

敬天父者，袭天主教七日礼拜之名。遇房虚星昴日及志得意满事，则敬之。烧巨烛于堂中，盛列酒筵，贼酋率众长跪，若婚嫁之祭祖，惟妇女各随其主之后，为小异耳。掌文书之贼朗诵祝文：“小子某，率领众小子，外小等跪在地下，祷告天父上主皇上帝老亲爷爷，救世真圣主天兄亲大哥，今于某月某日，虔备茶果灯亮，酬谢天恩。恳求天父天兄，时锡圣神，化醒天下万郭臣民，早日回心，共同赞美天父上主皇上帝独一权能。祝福小子、众小子等，百战百胜，无灾无害，有衣有食。托救世真圣主天兄基督赎罪功曹，转求天父上主皇上帝在天神灵，在地如在天焉。俯准所求，心诚亚孟。”

请注意，两书所录“祈祷文”是雷同的。对照太平天国《天条书》，《江南春梦庵笔记》错了几处："时锡圣神风"，掉了一个"风"字。"托救世真圣主天兄基督赎罪功劳"，"功劳"歪曲为"功曹"。"转求天父上主皇上帝在天圣旨成行"。最后六字被篡改为"在天神灵"。《磷血丛钞》同样是错了。这难道不是照本抄袭的铁证吗！

有的虽经加工，但依然保留抄袭的痕迹。例如，《江南春梦庵笔记》胡诌了一篇天王《颁历诏》：

> 朕诏某某等知之：天父天兄太平天，太平天国万万年，兹据玕胞恳裁定，节气平匀义更全。朕今诏明甥等：朕乃太平天子，自戊申年三月天兄基督下凡，带朕作主，创开天国天京天朝天堂，永无穷尽。朕今再诏，天历首重孝顺爷，七日礼拜福禄加。二月初二谢爷节，谢爷差朕斩妖蛇。三月初三爷降节，从此万郭归爷妈。正月十三哥舍命，普天铭感福江河。二月廿一哥登极，亦朕登极人间和。九月初九哥降节，亦朕降世记当初。七月廿七哥捐命，天朝代代莫忘过。每年六节，注明顶头，永远如是。自辛开年一直传去，千年万年万万年，永无穷尽。甥们遵诏：爷哥带朕坐江山，天历流传如循环。辛开起头传永远，永不改元诏再颁。

《磷血丛钞》也有一篇《颁历诏》：

> 朕诏和甥、福甥，临甥、玕胞、达胞、玉胞、秀胞、恩胞、贤胞、辅胞、璋胞，军师，掌率，统管、天将、神策朝将、护京国将、六部，义、王［主］，佐将、内外众人知之：天父天兄太平天，太平天国万万年。兹据玕胞恳裁定，节气平匀义更全。朕今诏明甥等，朕乃太平天子。自戊申年三月天兄基督下凡，带朕作主，开创天国天京天朝天堂，永无穷尽。年年是吉是良，月月是吉是良，日日亦是吉是良，何用选择。朕今再诏：天历首重孝顺爷，七日礼拜福禄加。二月初二谢爷节，谢爷差朕斩妖蛇。三月初三爷降节，从此万郭归爷妈。正月十三哥舍

命，普天铭感福江河。二月廿一哥登极，亦朕登极人间和。九月初九哥降节，亦朕降世记当初。七月廿七哥捐命，天朝代代莫忘过。每年六节，注明顶头，永远如是。自辛开年一直传去，千年万年万万年，永无穷尽。甥们遵诏：爷哥带朕坐江山，天历流传如循环。辛开起头传永远，永不改元诏再颁。普天率土，咸使闻知。钦哉此诏。

核之太平天国辛酉十一年《颁行历书》，可见《江南春梦庵笔记》在把天王于己未九年接连颁发的两篇《改历诏》，胡乱并作一篇的同时，篡改了几处重要语句，歪曲了太平天国的历史。例如：

（一）天王诏旨原文："自戊申年三月天父上帝下凡，降托东王，乃龚世人，九月太兄基督下凡，降托西王，诛灭妖魔；今蒙爷哥下凡，带朕作主，创开天国天京天朝天堂，天历永远流传。"《江南春梦庵笔记》篡改为："自戊申年三月天兄基督下凡，带朕作主，创开天国天京天朝天堂，永无穷尽。"

（二）天王诏旨原文："九月初九哥降节，靠哥脱罪记当初。"《江南春梦庵笔记》篡改为"九月初九哥降节，亦朕降世记当初。"

（三）天王诏旨原文："七月廿七东升节，天国代代莫些忘。"东，指东王杨秀清。《江南春梦庵笔记》篡改为"七月廿七哥捐命，天朝代代莫忘过"。哥，是耶稣。

《磷血丛钞》抛出的《颁历诏》一字不移地做这样篡改，这难道不是剽窃的痕迹吗？至于其中多了"年年是吉是良，月月是吉是良；日日时时亦总是吉是良，何用选择"等句，乃是《江南春梦庵笔记》在另一处把杨秀清等献历奏章里的"年年是吉是良，月月是吉是良，日日时时亦总是吉是良，何有好歹？何用拣择"等句改窜而成的。《磷血丛钞》也是照抄，只有一字之差，把"拣"字改成"选"字。《磷血丛钞》还模仿天王《改历诏》，加了一头一尾。天王诏旨开头原文是："朕诏和甥、福甥、玕胞，达胞、玉胞、秀胞、恩胞、贤胞、辅胞、璋胞、天将、掌率、统管、尽管、神策朝将、内外众臣知之！"《磷血丛钞》违背太平天国庚申十年的官制，对此做了多处改窜，并在和甥，福甥下加了一个"临甥"。按"和甥”是幼西王肖有和，“福甥”是懿王蒋有福。[1]《江南春梦庵笔记》做了曲解，胡说：“(洪)宣娇初适伪西王肖朝贵，生一子名全福，即幼西逆；朝贵死，伪东王杨秀清托言奉天父旨为之赎病，据而有之，逾年生一子，名有和，即幼东逆。上皆蒙得恩所言。”《磷血丛钞》伪上加伪，胡说：“所谓和甥者，即幼东逆杨有和。福甥即幼西逆肖全福，实天逆所生子。临甥即幼南逆冯临川。”其实，幼东王叫洪天佑。杨有和和冯临川都是虚构的人物。

现经核对，确知《太平天国史料专辑》节选的《磷血丛钞》，抄袭《江南春梦庵笔记》，共十二段。尽管，《磷血丛钞》多方改头换面，但是欲盖弥彰，总暴露出它抄袭《江南春梦庵笔记》的痕迹。例如：

《江南春梦庵笔记》：

> 贼入江浙后，妄诏天下一统，遂更定伪制，半出蒙得恩、侯裕宽、李春发、黄期升、乔彦才，刘盛培之手，荒谬诞妄，为千古所未有。伪王六等：一曰圣神天师王，如圣神风雷师东王是也。二曰天师王，如云师南王是也。三曰军师王，如精忠军师干王是也。四曰义王，如忠勇英王是也。五曰勋王，如经文纬武赞王是也。六曰列王，如安王、福王是也。上三等为之三师，下三等位视一二三品。近又有第七等王，王字上加三点作主字。
>
> 伪勋衔六等：曰某天义，曰某天安，阶四品；曰某天福，曰某天燕，阶五品；曰某天豫，曰某天侯，阶六品。
>
> 伪朝官文职九品：一掌率，二统管，三尚书，四令史，五仆射，六指挥，七丞相，八检点，九承宣。凡伪尚书、仆射、丞相，皆分天地春夏秋冬，伪令史、承宣皆分九衙，伪指挥、检点皆分左右，每一职各有正、副、又正、又副等名。武职九品，一天将，二神将，三朝将，四都尉，五都护，六都挥，七常侍，八侍卫，九护卫，皆分左右。外官曰文将帅、主将、佐

① 参阅《李秀成自述别录》。

将、将军、总制、监军，视伪朝官四品至九品。乡官曰军帅、师帅，旅帅、卒长、司马。

……（原文此间还有四节）

贼衔有多至百字者，曾见伪奏所书云：“传天父上主皇上帝真神真圣主劝慰师禾乃师赎病主赎罪功曹九门御林宿卫左辅军正军师天京神策左辅军正掌率朝纲正掌率开朝第一等圣神风雷雄忠军师翊天赞主顶天扶朝纲忠文东王。传救世圣主先师天兄基督太子圣旨九门御林宿卫右弼军正军师兼后护军正军师天京神策左辅军正掌率朝纲又正掌率天父天外孙天兄天王天甥开朝第一等圣神雨雹英忠军师奉天佐主顶天扶朝纲忠武西王。九门御林宿卫前导军正军师天京神策前导军正掌率朝纲副掌率开朝第二等云师恪忠军师尽忠辅主顶天扶朝纲忠正南王。”

《磷血丛钞》:

俞贼以破苏功，进伪职为神将。诸贼往贺者，双膝跪地，不揖不拜，口称升官发财而已。伪制，文职凡九品：一掌率，二统管，三尽管，四令史，五仆射，六指挥，七丞相，八检点，九承宣。尽管、仆射、丞相，分为天、地、春、夏、秋、冬。令史、承宣，分九衙。指挥、检点，分左右。武职亦九品：一天将，二神将，三朝将，四都尉，五都护，六都挥，七常侍，八侍尉，九护卫，皆分左右。外官亦九品：一文将帅，二主将，三佐将，四将军，五总制，六监军，七军帅，八师帅，九旅帅，以下曰卒长，曰两司马。王封六等：一曰圣神天师王，如圣神风雷师东王者是；二曰天师王，如云师南王者是，三曰军师王，如精忠军师干王者是；四曰义王，如忠勇英王者是；五曰勋王，如经文纬武赞王者是，六曰列王，如安王、福王者是。上三等为三师，下三等秩如一品。勋衔六等：义、安、福秩如二品；燕、豫、侯秩如三品。尝见伪疏列衔云：“传天父上主皇上帝真神真圣主劝慰师禾乃师赎病主赎罪功曹九门御林宿卫左辅军正军师天京神策左辅军正掌率朝纲正掌率开朝圣神风雷雄忠军师翊天赞主顶天扶朝纲忠文幼东王；传救世圣主先师天兄基督太子圣旨九门御林宿卫右弼军正军师天京神策右弼军正掌率朝纲又正掌率天父天外孙天兄天王天甥开朝圣神雨雹英忠军师奉天佐主顶天扶朝纲忠武幼西王；九门御林宿卫前导军正军师天京神策前导军正掌率朝纲副掌率开朝云师恪忠军师尽忠辅主顶天扶朝纲忠正幼南王；文衡正总裁传天王真圣旨天朝王宗九门御林宿卫后护军正军师天京神策后护军正掌率朝纲又副掌率教习幼主官正掌率天历府正统管钦定书本正统管天一尚书开朝精忠军师揆文备武顶天扶朝纲忠章干王。”每衔皆至百余字，牛鬼蛇神，令人发噱。昔金田倡乱时，惟杨秀清、肖朝贵、冯芸［云］山、韦昌辉、石达开、蒙得恩得与逆谋，伪封东、西、南、北、翼、赞等王。其后王封日滥，无以励功，于是加锡名号。如忠逆之封尽忠报国忠义忠王荣千岁以别之。司封之贼，又往往以名为戏。航逆素撑航船，因封涉川利济航王撑千岁；慕逆故业木工，因封斩曲留直慕王锯千岁，挺逆尝设春药铺，因封燮理阴阳挺王强千岁；劝王因进女得幸，因封承恩受宠劝王娱千岁；真堪绝倒。

从以上引文，读者可以看清：《江南春梦庵笔记》捏造了一套怪诞离奇的太平天国官制。《磷血丛钞》改头换面地剽窃过来与苏州的人和事所谓“俞贼”升官拉凑在一起，使人相信这是对苏州的记载。众所周知，慕王谭绍光的全衔为“殿前斩曲留直顶天扶朝纲慕王丰千岁”。[①]《磷血丛钞》篡改“丰千岁”为“锯千岁”，并曲解“斩曲留直”四字的意义，胡说司封者影射谭绍光出身木工。人们不禁要问，学王胡海隆的头衔上有“斩邪留正”字样，来王陆顺德的头衔上有“斩恶留善”字样，司封者又是影射什么呢？[②]请读者再看一例：

---

① 参见谭绍光于太平天国癸开十三年九月初五日复戈登书上盖的朱印和抄本《敬避字样》的附录。

② 见王定安：《贼酋名号谱》。

《江南春梦庵笔记》：

伪制婚配之律曰：一等王王娘一，贞人二十人，降一等则减去贞人三，至六等王则王娘一，贞人六而已。一二三品伪官视四五六等伪王，四品伪官贞人一，使女五人，降一等则减使女一人，至九品伪官仅一贞人已。

……

伪宫以伪后一人辖嫔娘一、爱娘二、嬉娘二、宠娘二、娱娘二，位如上三等伪王。好女四，妙女八、姣女十六、娉女二十，妍女二十四、婞女二十八、媌女三十二、娟女三十六、媚女四十，位一品至九品。以伪妃二十四人各辖妭女四，姹女四、妩女四、娃女四、姶女四，位一品至五品。元女十人列六七品。妖女十人列八九品。伪幼主宫以伪王妃一人，辖美人四、丽人八、佳人十二，艳人十六，位一品至四品。伪女司以二品掌率六十人，各辖女司二十人。

《磷血丛钞》：

四月十八日，忠逆复下禁止掠妇之令，贼酋未得龙凤批及散贼所掠诸妇女，皆令十九日缴送女馆，违者论斩。十九夜起，遍遣伪文职巡查各馆，贼中素簿文职庸懦，至是存今我为政之心，故为作弄。每当静夜深更，诸贼同梦之际，直入卧房，辟门查验。贼与妇莫不仓皇而起，持批对验，甚有颠倒衣裳，不及结束者。且忽早忽迟，无可预备。如是者旬日，诸贼苦之，敛金为贿，禁稍弛。二十日，巡查者执两贼、两妇，相对裸缚，遍游六门，枭首示众。贼应伏辜，妇则冤甚。所谓龙凤批者，黄色纸，长一尺，宽五寸，中一行书某姓名配某大妹七字。贼酋既得妻，则请于所统之王，给批为据。贼妇时而更易，故必迁就批中之姓。禁掠之际，贼虑诸妇不允，软劝威逼，备极其状。及至查验时，竟无一女肯吐真姓者，可慨也夫。贼中给批之例，见之于伪制。一等王，娶王娘一人，贞人二十人，随使女四十四人。降一等，减贞人二人，使女四人。一品官娶贞人一人，女使十人，随使女十二人。降一等，减女使一人，使女一人。不入品有职者，娶贞人一人，女使一人，随女使一人。若洪逆伪官之中，则以伪后一人，辖嫔娘二，爱娘、嬉娘、宠娘、娱娘各四人，位如上三等王。好女八，妙女十二，姣女十六，娉女二十，妍女廿四，姼女廿八，媌女三十二，娟女三十六，媚女四十，位如一品至九品。以伪妃二十四人，各辖娥女、姹女，妩女、娃女、蛤女各四人，位如一品至五品。元女十人，位六、七品。妖女十人，位八、九品。伪幼主官，以伪妃一，辖美人四、丽人八、佳人十二、艳人十六，位二品至五品。伪女司，以二品掌率六十人，各辖女司二十人，都计二千五百二十人。

从上述引文，读者又清楚地看到《江南春梦庵笔记》伪造了荒诞离奇的太平天国婚配制度，《磷血丛钞》也把它改头换面剽窃过来与苏州的人和事相附会。请读者再看一例：《江南春梦庵笔记》捏造了太平天国分全国为二十四省的谬说：

伪分天下为二十四省，曰江南、江北、江东、湖南、湖北、广东、广西、云南、云北、陕东、陕西，河南、河北、山东，山西、燕南、燕北、川东、川西、边南、边北、洋东、洋西，皆上年更定。

伪官中自伪后一宫外，皆以省名之……

《磷血丛钞》也改头换面地抄袭下来，和苏州串连在一起：

伪分天下为二十四省，曰江南、江北、浙东、浙西、湖南、湖北、广东、广西、云南、云北、陕东、陕西、河南、河北、山东、山西、燕南，燕北、川东、川西、边南、边北、洋东、洋西。伪官之名亦如之。旋又开苏州为苏福省，视天京例，谓将来作陪京云。

上述引文说明，《磷血丛钞》在抄袭《江南春梦庵笔记》的同时，力图弥补《江南春梦庵笔记》的破绽。如总数二十四省，但罗列省名只有二十三省。其中又没有众所周知的苏福省。《磷血丛钞》便抽去了江东省，补上了浙东、浙西，以足二十四省之数。又捏造苏福省作陪京的谬说。真是伪上加伪。

罗尔纲同志曾指出，太平天国开女科一事，是汪堃《盾鼻随闻录》所虚构的。该书说："以江宁人傅善祥为女状元，又女榜眼钟姓，女探花林姓。"《江南春梦庵笔记》"虚上加虚，假中更假"，[1]编造了以下一节：

癸丑尝设女试，以傅善祥、钟秀英，林丽花为鼎甲。傅善祥，上元书吏之女，自愿应试者。钟即钟方礼所掠之女，林即林凤祥所掠之女，皆非本姓也。发女榜后，俱入伪官，隔数日发还，并传其父谢恩，人咸悔之，故甲寅岁无一应者矣。

《磷血丛钞》如获至宝地把它接了过来。

癸丑岁尝开女科，状元为傅善祥，上元书吏女。榜眼为钟秀英，伪官钟方礼所掠女。探花为林丽花，伪官林凤祥所掠女。发榜后，俱入伪官，赐宴侍寝，插花归第，因勒令其父谢恩，咸深悔之。甲寅再试，无一应者，遂罢试。

请注意，《江南春梦庵笔记》捏造洪秀全逼婚女科鼎甲的荒唐情节，还比较含蓄，仅说"隔数日发还"。《磷血丛钞》则赤裸裸地改成"赐宴侍寝，插花归第"云云，对农民革命竭尽诬蔑之能事。

为了进一步弄清《磷血丛钞》抄袭《江南春梦庵笔记》的真相，我

① 见罗尔纲：《太平天国史料辨伪集》。

反复阅读了《磷血丛钞》的全书（抄本）。在第四卷里，找到它声明摘录的《江南春梦庵笔记》，连头到尾一千三百二十二字。请读者耐心一阅。

同治甲子秋，江宁城复，武功告成，武昌沈懋良著有《江南春梦庵笔记》，专记恢复时贼中情形，与苏城大同小异，因附录之。记云：

江宁自忠逆浦口败回，贼势惶惶。洪逆告于众曰："我奉上主皇上帝命我下凡，创开天国天京天朝，作天下万郭独一真主，任妖一齐飞一齐变，总不脱我天父掌上过。我铁瓮江山，天兵百万千万，妖兵岂能飞入耶！"

五月初十日又传伪诏云："现蒙天父降下甜露，继自今大小文武天将天兵，大共变吃甜露，不得吃饭。"合城茫然，不知所解。嗣又发伪诏，令各馆解送百草各十担，候天父造成甜露，始知令人吃草耳。

二十五日又传伪诏云："真神能造山和海，任那妖魔八面来，天罗地网九重回，你们弟妹把心开，岳飞五百破十万，何况妖魔灭绝该。天父好手段，妖魔万算不当天父一算。天兄好担当，天兵一到，妖魔尽灭亡。你们军士暂行安息，朕今上天堂向天父天兄领到天兵百万千万，层层战下，大显权能，保固天京，你们军士大共享太平之福。"

二十六日三鼓，人声鼎沸，传言大兵已入城，奔走者络绎不绝。诘旦，始知洪逆于戌刻腹裂死。传言忠逆于日间进毒，夜令其党哄闹，欲乘机自立，幸安逆光经探悉，匿丧至黎明始发，并将忠逆家属胁入伪宫为质。

二十七日，幼逆继立，始发伪诏云："杨家养得女贵妃，大共富贵无穷期。你们兄弟牢牢记，要富要贵多容易，生那女儿好，献进天官官不小，生那姊妹娇，献进天官官爵高。"洪逆死时，伪官有元女三人，皆以年幼幸免，未及硷，幼逆已遍污之，死者二人。复就伪妃女官中选留十六岁以内者百余人，余皆屏去。

二十九日午刻，合城扰攘，传言官兵已进朝阳门，有亲见红顶花翎黄马褂骑白马驰过夫子庙前者。继知伪四王相因奉伪旨搜逢天安女，见其幼妾强污之，因相争斗。忠逆怒，欲杀之，已逸去，遂四出追骑。幼逆又发护卫擒逢天安云。

夜间又闻枪炮不绝，惟街衢安静，伪巡查络绎，禁止往来，并云城外已攻破官军营垒数十座。三更后家家闻敲门声，应之寂然。自是鬼怪之扰不绝，或穿号褂，或戴顶帽，一见之即口不能言，妇女被祟尤甚，往往有移其身至别处者。

六月初一夜，有伪巡查陈金发道经西逆府前。忽见一物高二丈。遍身白毛，骇极而奔，途遇伪都尉李可久，彼此见头已离顶，互以为鬼，号呼求救，适遇忠逆。始解散。

初二日抵暮，有猕猴无数，自城东鱼贯而行，有长至五六尺者，观者众始四窜而去。

洪逆死后，伪妃宫均为幼逆所据，惟伪后一宫如故。初五夜，伪后赖氏以下七十余人皆见黑衣黑面丈夫十余人持刀入，淫掠殆遍，伪后遂自缢，宫人星散。

初八夜，又忽有红顶花翎面涂五色者七八人。闯入伪宫，幼逆匿龙台下，遂污伪幼后等十余人。明日召洪仁发、洪仁达、肖全福、李季祥、蒙得恩、侯裕宽等人入宫值宿。

初十夜三更，火光忽作碧色，旋闻大震一声，火顿息，呼众破扉入，则馆主蒙得恩长女裸横于地，女已适幼西逆，因巢中鬼怪丛扰，归避母家，不虞怪亦能来，传言所祟者，系十余岁美男子，蓝顶白衣，遍身有毛，无夕不来云。门以内见妖见鬼，门以外则拒奸缚盗，救火驱鬼，时时鼎沸，武昌城陷时未有此乱也。

……（以下仍记鬼怪作祟，一直到六月十四夜蒙得恩三女被祟事为止。）

我把以上引文同《江南眷梦庵笔记》做了核对，发现：（一）《磷血丛钞》对《江南春梦庵笔记》不是照抄，而是按时间顺序做了改编。对个别字句也做了修改。（二）《磷血丛钞》摘录《江南春梦庵笔记》仅及原书约六分之一，对其他部分则改变成别的笔记资料或抄者自己的见闻，窜散在《磷血丛钞》全书中。《太平天国史料专辑》节选本里的十二段，就是用后一种形式抛出来的。此外，《磷血丛钞》还剽窃《江南春梦庵笔记》的内容，伪造了几种“罕见”的笔记。最突出的一种，叫作湘潭钓叟：《伪宫逆迹记》。

按，这书曾见于《江南春梦庵笔记》里的一条“按语”，原文如下：

> 按：伪司衣房条例；缝裳即阔管裤，钮裳裤裆不缝而钮者，开裳即开裆裤，散裳即裙，散袍即斗篷，皆伪宫女子所服，另有搭背遮腿诸名色，见湘潭钓叟：《伪宫逆迹记》。缕仙附志。

在所谓春草吟庐主人跋语中，也提到一部什么《伪宫记》。这些作者与书，都是渺无旁证，如同《江南春梦庵笔记》本身一样，都是出于伪托。然而在《磷血丛钞》中，却居然紧接在摘录《江南春梦庵笔记》之后，冒出了一部湘潭钓叟《伪宫逆迹记》。

> 湘潭钓叟著《伪宫逆迹记》一卷，据云杂采伪侍口供、伪府记载及传闻之词，汇录成帙，几三百余则。

《磷血丛钞》“删其芜秽叠见者，录存六十二则”。其实，这些内容的大部分是对《江南春梦庵笔记》的剽窃和发挥。例如《江南春梦庵笔记》伪造了蒙得恩和侯裕宽两人的历史：

> 蒙得恩，广西人，从逆时仅十九岁，便佞善媚，粗通笔墨，自伪检点擢春官丞相、赞天侯、豫、燕、福、安、义等伪职，加忠贞赞王正率天官伪衔，与裕宽相朋比，待人各甚厚，人故不甚恶之。伪正王娘袁姓，上元人。凡伪官屏弃之女归其择配。妇女出入其门以数百计，故不能详其贞人若干人。无子，生三女，长适西逆肖全福，次配仁玕子，三未字。
>
> 侯裕宽者，湖北人，年十八，为洪逆掠，甚嬖之。妻曹氏为杨逆掠，洪逆出之，一见大悦，纳入伪宫，给四女为裕宽配，

杨逆怒入伪官夺曹氏等十余人去。裕宽善迎杨逆意掌伪官事，出入不禁，秽声四布，洪逆甘之。

《磷血丛钞》改头换面地剽窃过来，加上了从另一大伪书《盾鼻随闻录》抄来的关于尹福寿的一段，变成为《伪宫逆迹记》的一则：

掌伪官之贼有二：一为蒙得恩，广西人，素有阴疾，不能御女，洪逆信之．凡入官妇女，悉归选择。性善媚，通笔墨，自检点擢春官丞相，爵赞天豫、燕、福、安、义，加封忠贞赞王天官正掌率。掠上元人袁氏女为妻，领女三；长适西逆肖全福，次配干逆洪仁玕子，三未字。恢复时，蒙逆不知所终。一为侯裕宽，湖北人，向为鄂省名优，面目姣好，出入巨室，多见识广，伪官规制悉出其手，自恩赏丞相擢至天官副掌率。妻曹氏，为杨秀清所掠，洪逆给以四女为妻，从前伪官中出入无禁，裕宽又昼夜不出，伪妃多为淫诱，秽声达外，洪逆不以为嫌也。又有尹福寿者，扬州人，为洪逆构造官室园圃，亦封丞相，早卒。①

《江南春梦庵笔记》又伪造了杨秀清向洪秀全献龙台的荒唐故事：

杨逆性尤奸恶，困洪逆于酒色以揽其权。尝制龙台一具以献，阔三丈，多作窟陷，可容人卧，上排木架，盖卧具也。自是贼中事洪逆几不复与，置一木偶舁以临朝，手持一扇以掩其面，杨逆立其旁代为批答，左之右之，惟所欲为矣。

《磷血丛钞》也把它剽窃过来，塞进了《伪宫逆迹记》：

伪称大欢喜殿者……为洪逆夜宿之所……中置龙台一具，

① 按尹福寿，当作宾福寿，广西人，一八五四年任冬官又正丞相，一八六〇年任工部正冬官。汪堃歪曲了他的姓名和历史。

广三丈，多作坎窗，适容人卧，上置机轴木架，起落自如。为杨秀清所献。

《江南春梦庵笔记》伪造了沈懋良的经历：

> 予自入金陵，蒙逆即以卜姓女妻我，时女年仅十四，句容人，是夜仅与同宿，未交一语，晨起失所在，已缢于床外矣。复以苏州枫桥人叶锦山之妻俞氏妻我，三年中并未与一夕宿，后病死。叶锦山业绸缎，金陵城破时被戕，俞氏，本城人。辛酉九月，又以海盐龚姓女给我，浮荡万分，严拒绝之，不安于室，遂给所欢。今在室者为武林平氏，家世不肯实言，予亦不忍究也；庚申同母被虏，今十五岁矣，贞静柔淑，无与伦比，自言大兵进城时，设遇不测，拼将一死，未识能遂所愿否？噫！予被虏时，妻仅十九，不识作何究竟？尚敢作孽耶？

《磷血丛钞》对此也改削作为《伪宫逆迹记》的一则。

> 蒙逆记室沈懋良，湖北武昌人，年三十四岁，咸丰二年被掠．赞逆给以伪官屏弃之女三人：卜姓女年十四，句容人，未污即自尽。俞氏女系在苏州殉难叶锦山之妻，未污即病故。平氏女，杭州人，年十五，均求资遣，平氏犹处女。沈固明理君子也。

《江南春梦庵笔记》捏造了以二十四省省名作为天王二十四妃宫名的谬说，《磷血丛钞》据此大加发挥，编造了二十四妃的姓氏、来历和籍贯，变作《伪宫逆迹记》的主要篇幅。其中荒谬百出，如说广西宫妃石氏是石达开的女儿，真是无稽之谈。考石达开在天京时，还很年轻，“年约廿余”，[1]他女怎能配与天王？《石达开自述》：“娶妻王氏，生有子女，均在南京被

① 见张德坚：《贼情汇纂》。

害。”他也未谈有女入宫为天王妃。又考《太平礼制》：“朕岳丈，天下人大同称国丈。”但“天王诏旨”一直称石达开为“达胞”，未称为“国丈”。这一切都说明，关于石达开之女为天王广西宫妃的谬说，是虚构的。

在所谓二十四宫妃的内容里，也塞进了大量《江南春梦庵笔记》的赝品。例如，《江南春梦庵笔记》说：

> 伪宫中自伪后一宫外，皆以省名之，人亦按省分隶；最可哂者，以洋东西、迎南北四宫乏夷女分隶，倩侯裕宽等制成异服邀人装束后，奏称西洋国陪臣克鲁多、东洋国陪臣黑墨赖塔、南洋国陪臣几几又几、北狄国陪臣哈哈一木哈，各贡夷女十一人，伪为朝觐，赏赉无数。

《磷血丛钞》对此无比荒唐的记载，居然也接过来添油加醋地编进了所谓《伪宫逆迹记》：

> 慕逆尝有伪疏，引导西洋国贡使克鲁多、东洋国贡使黑黑腊塔、南洋国贡使几几又几、北狄国贡使哈哈一木哈，各贡夷女十一人，遂分隶于洋东、洋西、边南、边北四伪宫。据称东西南洋女，皆向上海所购，北狄女，掠诸杭城中，皆伪为者。

从上述，可见《江南春梦庵笔记》是伪书，《磷血丛钞》里的《伪宫逆迹记》也是伪书。《磷血丛钞》这样剽窃《江南春梦庵笔记》、虚构《伪宫逆迹记》，还不算存心作伪是什么？

尽管《磷血丛钞》也抄录了一批真史料，如《东南纪略》、《苏台麋鹿记》等，但从作伪的联系上，我们可以这样说：《磷血丛钞》几乎是大伪书《江南春梦庵笔记》的翻版和续篇。就从这一点，我们要清醒地看到《磷血丛钞》的制造者不是在抄书，而是在作伪。至于作伪者是怎样伪造一批太平军将士及其著作的，我将在另文揭露。

原载《扬州师范学院学报》1980年第1期

梁启超与清代学术史

1920年，梁启超撰成《清代学术概论》，距今已六十余年了。我们还没有产生一部取而代之的著作来。我近为研究生讲授清代学术史，即以此书为纲要。深感其开拓精神，远非同主题的其他作品所及。但嫌其简略，且间有疏误，因为之疏通证明。一、探索此书产生的过程；二、解释内容；三、证补资料。本文发凡起例，作为自序云尔。

一

（1）梁氏创作《清代学术概论》之动机，见《自序》：

> 我著此篇之动机有二：其一，胡适语吾："晚清今文学运动，于思想界影响至大，吾子实躬与其役者，宜有以纪之。"其二，蒋方震著《欧洲文艺复兴时代史》新成，索予序，我觉泛泛为一序，无以益其善美，计不如取我史中类似之时代相印证焉，庶可以校彼我之短长而自淬厉也。乃与约，作此文以代序。既而下笔不能自休，遂成数万言，篇幅几与原书埒。天下古今，固无此等序文，脱稿后，只得对于蒋书，宣告独立矣。

按：梁氏于1920年10月，撰述清代学术史。10月4日，梁氏与书张东荪："顷方为一文，题为《前清一代中国思想界之蜕变》（为《改造》作，然已褎然成一书矣，约五六万言），颇得意，今方得半。"[①]对此书的属稿，确也受胡适的影响。10月18日，梁氏与书胡适："公前责以宜为

① 本文所引梁启超与友朋往来书信，都据《梁任公年谱长编》。以下不一一注明。《改造》，杂志名。

今文学运动之记述，归即属稿，通论清代学术，正拟抄一副本，专乞公评骘。得百里书，知公已见矣。关于此问题资料，公所知当比我尤多，见解亦必多独到处，极欲得公一长函为之批评（亦以此要求百里）……望弗吝教。”百里，蒋方震字。蒋于是年撰《文艺复兴史》，迭见于蒋致梁启超书。6月28日函：“《文艺复兴史》已成一半。”7月2日函又云：“《文艺复兴史》已成一半。搜集材料甚苦。”这书脱稿后，梁氏即为作序，成《清代学术概论》，决意分别刊行，而由蒋方震为之序。其文说：“方震编《欧洲文艺复兴史》既竣，乃征序于新会，而新会之序与原书埒，则别为《清学概论》，而复征序于震。”可相印证。

（2）梁氏撰写《清代学术概论》，是在旧作的基础上增改而成的。《自序》：

> 予于十八年前，尝著《中国学术思想变迁之大势》，刊于《新民丛报》，其第八章论清代学术，章末结论云：“此二百余年间总可命为中国之文艺复兴时代，特其兴也，渐而非顿耳！”……予今日之根本观念，与十八年前无大异同，惟局部的观察，今视昔似较为精密，且当时多有为而发之言，其结论往往流于偏至，故今全行改作，采旧文十一二而已。

按：梁氏于1902年，始草拟《中国学术思想变迁之大势》一文。其中说：“我欲划分我数千年学术思想界为七时代：一、胚胎时代，春秋以前是也。二、全盛时代，春秋末及战国是也。三、儒学统一时代，两汉是也。四、老学时代，魏晋是也。五、佛学时代，南北朝隋唐是也。六、儒佛混合时代，宋元明是也。七、衰落时代，近二百五十年是也。八、复兴时代，今日是也。”这是梁氏最早的设想，认为清学处于衰落时代。1904年，章炳麟所著《訄书》重版于东京，其中新增《清儒》等篇。梁氏参考其内容，为《中国学术思想变迁之大势》补写了第八章，取名《近世之学术》。其时间范围“起明亡以迄今日”。梁氏言：“原稿本拟区此章为二：一曰衰落时代，一曰复兴时代，以其界说不甚分明，故改今题。”[1]其

① 见1916年中华书局出版的《饮冰室全集》。

实，按顺序，本章应为全文之第七章。共三节：第一节，永历康熙间。第二节，乾嘉间。第三节，最近世。是时，梁氏已改变观点，认为清学处于复兴时代。但仍否定清学中坚戴震的哲学思想。戴震强调“遂民之欲”。梁氏斥之，谓“人生而有欲，其天性矣。节之犹不蔵，而岂复劳戴氏之教猱升木为也。二百年来学者记诵日博而廉耻日丧，戴氏其与有罪矣”！至1920年撰写新作时，梁氏的观点已蜕变，大赞戴震哲学。对清学的分期已不再单纯按年代划分，而分为启蒙、全盛、蜕分、衰落四个时期，以显示“清代思潮”变化之迹。至于述吴皖两派师承关系等，则仍袭用旧作。

（3）此书于交商务印书馆出版前，最后定名《清代学术概论》。1920年11月19日《第二自序》。

> 本书属稿之始，本为他书作序，非独立著一书也。故其体例不自惬者甚多，既已成编，即复怠于改作，故不名曰《清代学术史》而名曰《清代学术概论》，因著史不能若是之简陋也。

按：张元济于1920年12月9日与梁氏书：“前奉书并《清代学术概论》大稿……稿已付印矣。”此书于1921年2月由商务印书馆初版，后发行至八版。张元济为该馆主持人。

其后，梁氏继续从事清代学术史的撰述。1923年，拟辑《清儒学案》，未成。1924年，为纪念戴震二百周年生日，梁氏撰写《戴东原先生传》、《戴东原哲学》、《戴东原著述纂校书目考》，又撰《戴东原图书馆缘起》等。其时，梁氏对戴学的评价比前更高，也更符合实际。原来，《清代学术概论》说：“戴门后学，名家甚众，而最能光大其业者，莫如金坛段玉裁、高邮王念孙及念孙子引之，故世称‘戴段二王’焉。”《戴东原先生传》做了修改。“其弟子最著者段茂堂、孔巽轩、王怀祖及其子伯申，语其一曲，知或过师，虽然，未可云能传东原学也。”《戴东原图书馆缘起》说，戴氏“为前清学者第一人，其考证学集一代大成，其哲学发二千年所未发，虽仅享中寿，未见其止，抑所就者，固已震铄往祀，开拓来许矣！”[①]是年，梁氏在清华大学讲授清学，所编讲义取名《中国近三百年

① 以上两文均辑入1927年中华书局出版的《饮冰室合集》。

学术史》，后辑入1927年由中华书局出版的《饮冰室合集》。此书虽在资料上较为翔实，但其开拓之功，已不能超越《清代学术概论》。

1929年梁氏逝世后，《美国历史评论》发表简讯，谓梁氏引以自豪的学术专著有三，即《中国历史研究法》、《清代学术概论》和《先秦政治思想史》。①

总上述，梁氏研究中国二千余年学术思潮变化的长河，特别致力于与戊戌维新有联系的清学。他以清学对宋明理学的批判与欧洲“文艺复兴”相比。继“文艺复兴”而来的是西方政治经济的飞跃，梁氏希冀中国也出现这种新局面。这就是他撰写《清代学术概论》的指导思想。

二②

梁氏研究清学，能从大处着眼，抓住重点。例如，在启蒙时期，《清代学术概论》突出评述顾炎武、黄宗羲、王夫之等的经世致用思想，突出赞扬对戊戌维新运动有影响的《明夷待访录》。在全盛时期，突出分析惠、戴二家之学。但都需要加以注释，才能充分阐明梁氏的观点。兹举例以明之。

（1）梁氏征引繁博，但有时不明出处，需要加注。例如，他在评述黄宗羲《明夷待访录》时说：“故顾炎武见之而叹，谓‘三代之治可复’。”未明所据。

按：顾炎武见《明夷待访录》后，曾致书黄宗羲：“顷过蓟门，见贵门人，具稔起居无恙，因出大著《待访录》，读之再三，于是知天下之未尝无人，百王之敝可以复起，而三代之盛可以徐还也。”其后，碑传所记异说。全祖望《梨洲先生神道碑文》：“《明夷待访录》二卷、《留书》一卷，则佐王之略，昆山顾先生炎武见而叹曰：‘三代之治可复也。’”江藩《国朝汉学师承记》：“《明夷留书》一卷，言王佐之略，昆山顾绛见而叹曰：‘三代之治可复也。’”《清史稿》：“《明夷待访录》一卷，皆经世大政。顾炎武见而叹曰：‘三代之治可复也。’”由上述可见，梁氏不是据顾炎武

① 见《梁任公年谱长编》。

② 见《明夷待访录》卷首。

原信，而是袭用碑传之文。读者当探寻史源，了解真相。

（2）梁氏的某些论断，需要加注才能理解透彻。如论惠栋所提倡的“汉学”自相矛盾一节云：

> 栋固以尊汉为标帜者也，其释“箕子明夷”之义，因欲扬孟喜说而抑施雠、梁邱贺说，乃云：“谬种流传，肇于西汉”（《周易述》卷五），[①]致方东树摭之以反唇相讥（《汉学商兑》卷下），[②]然则“凡汉皆好”之旗帜，亦终见其不贯彻而已。

什么是“箕子明夷”？孟喜与施雠、梁邱贺的解释有何分歧？惠栋为什么赞同孟喜说？方东树怎样对惠氏反唇相讥？这是必须一一为作注释的。

按：《周易》以八卦重叠，演为六十四卦，各有卦名。坤上离下，卦名“明夷”。旧说明夷为日在地下，夷者伤也。[③]每卦有爻词，汉郑玄等认为周文王所作。明夷的爻词中有“箕子之明夷”一语。西汉说《易》，有施、孟、梁邱、京四家，立于学官。施雠、梁邱贺释箕子为人名。东汉马融祖述之。唐李鼎祚《周易集解》引马说：“箕子，纣之诸父。”而孟喜所传的赵宾，却释箕子为荄兹。其说见《汉书·儒林传》：“以为箕子明夷，阴阳气亡箕子，箕子者，万物方荄兹也。”荄兹，言其根荄方滋茂，有终而复始之意。由于对箕子的两种解释不同，涉及爻词是否周文王所作的问题。如果箕子是人名，是殷纣王的从父；那么，爻词便难以断定出于周文王之手。因此，马融一派便推断爻词是周公所作。惠栋坚持孟喜、赵宾说，所著《周易述》引刘向语：“今《易》，箕子作荄兹。”惠栋斥责“马融俗儒，不识七十子传《易》之大义”，他追咎施雠、梁邱贺的《易》说，以故强调指出：“谬说流传，兆于西汉。”惠氏认为，幸而“刘向《别录》

---

① 按惠栋《周易述》原文为“谬说流传，兆于西汉”。江藩《国朝汉学师承记》及方东树《汉学商兑》均讹作“谬种流传，兆于西汉”，梁氏则写作“谬种流传，肇于西汉”。当依惠氏原文校正。

②《汉学商兑》卷下，当作卷上。

③ 见孔颖达《周易正义》。

犹循孟学，故马融俗说，荀爽独知其非，复宾古义，读箕子为荄兹。”方东树宗宋排汉，所著《汉学商兑》攻击惠栋诸多“尊汉”观点之后说：“又其甚者，乃操同室之戈。均一汉学也，乃曰：‘谬种流传，兆于西汉。’此惠氏栋说箕子明夷，主孟喜、赵宾，而害施雠、梁邱贺，因诋马融为俗儒，不当以爻词为周公作也。”关于“箕子之明夷”一语，究竟怎样解释，迄今尚无定论。近人高亨仍主马融说，释箕子为人名，并谓“明夷”是雉鸟。关于这些，我们还需继续探讨。

（3）梁氏所举清人著述，也嫌过于简略，必需加注，才能显示其价值。如述戴震著述目录云：

> 其最专精者，曰小学；曰历算；曰水地。小学之书，有《声韵考》四卷，《声类表》十卷，《方言疏证》十三卷，《尔雅文字考》十卷。历算之书有《原象》一卷，《历问》二卷，《古历考》二卷，《句股割圜记》三卷，《续天文略》三卷，《策算》一卷。水地之书，有《水地记》一卷，《校水经注》四十卷，《直隶河渠书》六十四卷。

戴震的这些著作，精在哪里？在各自的学科史上，有何创造发明？我们必需就其内容、方法等为作注释。

按：戴震在小学方面所留下的成果，有两个分支：一是声韵学，一是训诂学。

《卢韵考》，是声韵学史的滥觞。段玉裁《戴东原先生年谱》（以下简称《年谱》）说：“凡韵书之源流得失，古音之由渐明备，皆隐括于此。”戴氏叙述声韵学的发展，直至当代为止。其论古音，已吸取段玉裁《六书音均表》关于支、之、脂划然为三部之说。

《声类表》，是戴震研究音韵学的结晶，也是他临终前的绝笔。戴氏初分古音为七类二十部，后加密改为九类二十五部，一方面，他对郑庠，顾炎武、江永、段玉裁的古音分部，取长弃短，做了总结；另一方面，他又参考宋人呼等之说，所以段玉裁《年谱》谓其“于今音古音无不兼综”。今音，指唐宋音，古音谓先秦音。戴氏以《广韵》之二百六韵，根据先秦韵文，归并为若干部，与郑、顾、江、段诸家之法同。但吸取宋人等韵学的原理，据收音喉、鼻、唇、齿的不同，分析为九类，四声一贯，是其心得。《声类表》每类一卷，九类凡九卷。每类包括若干韵，如歌、戈、麻皆收喉音，鱼、虞、模亦收喉音，入声铎，合为一类。九类之平上去，共十六部，另入声九部，合计二十五部。曲阜孔氏为之刻本时，冠以《与段若膺论韵》六千字，以故《清代学术概论》云：十卷。

《方言疏证》，是戴震在训诂学方面留下的主要成果。《方言》，汉扬雄撰，晋郭璞注。许慎《说文解字》、张揖《广雅》以及孙炎《尔雅注》，多本《方言》。其书在训诂学史上的地位很高，但传本多伪。戴氏校书《四库全书》馆时，取《永乐大典》所辑本为底本，广搜群籍所引《方言》及郭注，交互参订，改伪字，补脱字，删衍文，逐条疏通证明。段玉裁谓："盖如邢昺之疏《尔雅》，而精确过之。汉人训诂之学，于是大备。"①

《尔雅文字考》，是戴震读《尔雅》的笔记。他据《尔雅》以释先秦古籍，又据先秦古籍以证《尔雅》。未刊。自序刊入戴氏《文集》，从中可以见到他读书的方法。

《原象》、《历问》、《古历考》、《续天文略》，都是戴震关于天文学方面的著作。戴氏尝谓读经必需懂得天文学。"诵《尧典》数行，至'乃命羲和'不知恒星七政所以运行，则掩卷不能卒业。"②他研究古天文学，留下了几种著作。《原象》四章，译天体运行。《历问》、《古历考》皆无刊本。《续天文略》是对郑樵《通志·天文略》的改写，计划三卷，仅成上、中两卷。以故《清代学术概论》云：三卷，而曲阜孔氏所刊仅二卷。

《勾股割圜记》、《策算》，是戴震研究数学的成果。戴氏尝谓读经必需懂得数学。"不知少广旁要，则考工之器不能因文而推其制。"③我国称勾股，西人称三角。勾股者，直角三角形之两边。其说见古传《周髀》算经。髀者，股也。于周地立八尺之表以为股，其影为勾，故曰"周髀"。其首章记周公与商高关于句股的问答语。戴氏之书即推演其法。秦蕙田纂

---

① 见《戴东原先生年谱》。

② 见《戴东原先生年谱》。

③ 均见戴震《与是仲明论学书》。是仲明名镜，江阴人。此书辑入《戴震文集》（中华书局版）。

《五礼通考》，曾辑录全文。戴氏因“中土测天用句股”，所以又将《勾股割圜记》与《原象》四章合编一书，仍名《原象》。见曲阜孔氏所刊《戴东原先生遗书》。

《策算》，主要内容为乘除法。戴氏自序：“以九九书于策，则尽乘除之用，是为策算。”

《水地记》、《校水经注》、《直隶河渠书》，都是戴震关于地理学的著作。戴氏尝谓读经必明地理。“不知古今地名沿革，则《禹贡》、《职方》失其处所。”①

后魏郦道元《水经注》，为古代地理学的名作，但传本残缺，经与注相混不可读。戴氏研究此书多年，分清经与注区别之例，钩稽校勘，凡补其缺漏者二千一百二十八字，删其妄增者一千四百四十八字，正其臆改者三千七百一十五字。由四库馆聚珍版刊行。这是戴震整理地理古籍的成果。

乾隆三十三年，戴震应直隶总督之聘，修《直隶河渠书》。是书不仅采综历代文献资料，而且实地绘图踏勘，故段玉裁谓其“考之古而无不贯通，核之近今而无不确实”，“为国家水利农田利泽无疆之助”。②贯通致用，这是戴震研究地理学的特点。《直隶河渠书》一百十一卷，其目录及卷次均见《年谱》。最后一卷为滦河合热河，仅有纲领，而条目未详，盖未竟之作。原稿装成六十四册，以故孔广森所撰《戴东原先生遗书总序》作六十四卷，《清代学术概论》从之。

戴震拟编的一部全国范围的地理书，也未成。洪榜《戴先生行状》：“《水地记》三十卷，先生卒之前数月，手自整理所著书，命工写录，亦未及竟。”曲阜孔氏所刊《戴氏遗书》中，《水地记》仅一卷，自昆仑之虚至太行山而止。在昔顾祖禹、顾炎武等研究地理，都“以郡国为主而求山川”，戴氏别创新法，“以山川为主而求其郡县”，故名其书为《水地记》。

---

① 均见戴震《与是仲明论学书》。是仲明名镜，江阴人。此书辑入《戴震文集》(中华书局版)。

② 均见戴震《与是仲明论学书》。是仲明名镜，江阴人。此书辑入《戴震文集》(中华书局版)。

三

(1)《清代学术概论》对每一大学者，都能画龙点睛，刻画出其特点；但所引证的资料，却往往主观删节，以附会自己的观点，有削足适履之嫌。如论戴震"一生最得力处"为不受人蔽与不受己蔽的科学态度。这是十分正确的。但所节引的戴氏《答郑用牧书》却不恰当。按：戴震《答郑丈用牧书》有论"四者之弊"一节云：

> 其得于学：不以人蔽己，不以己自蔽，不为一时之名，亦不期后世之名。有名之见，其弊二：非掊击前人以自表襮，即依傍昔儒以附骥尾。二者不同，而鄙陋之心同，是以君子务在闻道也。今之博雅能文章、善考核者，皆未志乎闻道。徒株守先儒而信之笃，如南北朝人所讥："宁言同孔误，莫道郑服非"，亦未志乎闻道者也。私智穿凿者，或非尽掊击以自表襮，积非成是而无从知，先入为主而惑以终身，或非尽依傍以附骥尾，无鄙陋之心而失与之等。故学，难言也。好友数人，思归而共讲明正道，不入四者之弊，修词立诚，以俟后学。①

梁氏着眼于"不以人蔽己，不以己自蔽"二语，把上文删节如下：

> 学者当不以人蔽己，不以己自蔽；不为一时之名，亦不期后世之名；有名之见，其弊二：非掊击前人以自表暴，即依傍昔儒以附骥尾。……私智穿凿者，或非尽掊击以自表暴，积非成是而无从知，先入为主而惑以终身；或非尽依傍以附骥尾，无鄙陋之心而失与之等……

读者只须仔细核对，便能发现以上节引之文已改变了戴震的原文和原意。戴氏原文的主题是"志乎闻道"，梁氏改成破"人蔽"与"己蔽"。戴氏指责当代"未志乎闻道"者有：博雅能文章者、善考核者、株守先儒者、私

① 见《戴震文集》。

智穿凿者。以故戴氏自勉“不入四者之弊”。经过梁氏的斧削，戴文便成为无法读懂的了。其实，从戴氏著作中，要找到论证不受“人蔽”与“己蔽”的资料，还是有的。戴氏在《与段若膺论韵》一书中，历述郑庠《古音辨》、顾炎武《古音表》、江永《古韵标准》、段玉裁《六书音均表》之源流得失，又自评以往分古音为七类二十部之不密，他强调指出：“仆以为考古宜心平，凡论一事，勿以人之见蔽我，勿以我之见自蔽。”梁氏如改引此信，便能使观点与资料相统一了。

（2）梁氏谓戴震是清学的中坚，其斥程朱“以理杀人”的战斗哲学思想乃是戴学的最高点。这些精辟论断，都是十分可贵的。但是，《清代学术概论》只例举了戴震的一些重要观点和著作，并没有评述戴氏的治学方法和完整的学术体系。戴震不仅在观点上反对程朱理学，而且在方法上批判宋儒凿空臆断。戴氏《与某书》：

> 治经先考字义，次通文理，志存闻道，必空所依傍，汉儒故训有师承，亦有时傅会；晋人傅会凿空益多；宋人则恃胸臆为断，故其袭取者多谬，而不谬者在其所弃。我辈读书，原非与后儒竞立说，宜平心体会经文，有一字非其解，则于所言之意必差，而道从此失。学以牖吾心知，犹饮食以养吾血气，虽愚必明，虽柔必强。可知学不足以益吾之智勇，非自得学之学也，犹饮食不足以增长吾血气，食而不化者也。君子或出或处，可以不见用，用必措天下于治安。宋以来儒者，以己之见硬坐为古贤圣立言之意，而语言文字实未之知；其于天下之事也，以己所谓理强断行之，而事情原委隐曲实未能得，是以大道失而行事乖。孟子曰：“生于其心，害于其政；发于其政，害于其事。”以自为于心无愧而天下受其咎，其谁之咎？不知者且以躬行实践之儒归焉不疑。①

其中，“治经先考字义，次通文理，志存闻道，必空所依傍”，是戴震一贯提倡的治学方法。《清代学术概论》节引了这一节，用以论证破“人蔽”：

① 见《孟子字义疏证》（中华书局版）。

志存闻道，必空所依傍，汉儒训诂有师承，有时亦傅会；晋人傅会凿空益多；宋人则恃胸臆以为断，故其袭取者多谬，而不谬者反在其所弃。……宋以来儒者，以己之见硬坐为古圣贤立言之意，而语言文字实未之知；其于天下之事也，以己所谓理强断行之，而事情源委隐曲实未能得，是以大道失而行事乖，自以为于心无愧，而天下受其咎，其谁之咎！不知者且以实践躬行之儒归焉。

核校两段引文，便可发现梁氏不仅改动了字句，而且割裂了戴震所倡导的治学方法。

戴震晚年，拟编全集称《七经小记》。“七经”，《诗》、《书》、《易》、《礼》、《春秋》、《论语》、《孟子》。戴氏认为：“治经必分数大端以从事，各究洞原委。始于六书九数，故有《诂训篇》，有《原象篇》，继以《学礼篇》，继以《水地篇》，约之于《原善篇》，圣人之学，如是而已矣。”[①]《清代学术概论》列举戴震几方面的著作，但漏叙了反映戴学完整体系的《七经小记》。

总之，《清代学术概论》能提纲挈领，评述清代学术思潮的发展，并以之比拟欧洲文艺复兴，由此展望中国的新局面，发人深省。这是它的优点。同时，此书也存在着主观性和表面性的缺点。扬长补短，正是《疏证》的内容与目的。

但是，我们绝不能够局限在梁启超的脚下盘旋，而要共同努力，写出一部新的清代学术史来。有了马克思主义的理论作指导，在掌握资料上，我们也完全有条件超过梁启超。难道我们不能够重新总结清学的发展，为建设社会主义服务吗！

原载《扬州师范学院学报》1988年第2期

① 见《戴东原先生年谱》。戴氏拟将所著书分类合编为若干篇，以体现“由字以通词，由词以通道”的读经方法与戴氏的学术体系。其中的《原著》阐明“理存于欲”的哲学观点，与后作的《孟子字义疏证》相辅里。

考证学与历史研究

考证，或称考据，是人们研究社会历史的科学方法。我们了解现状，必须进行调查研究。同样重要，历史家了解过去，必须对史料进行考证。梁启超《历史研究法》尝言："史料不具或不确，即无复史可言。"以故，考证是历史研究的基础。

自古迄今，考证史料的主要方法，是"归纳比较法"。归纳比较版本歧异的，为"校勘学"；归纳比较文件真赝的，为"辨伪学"；归纳比较记载异同的，为"考异学"，"考证"是其总称。兹分科就其产生及其典型之作举例，以见考证对历史研究的重要。

一、校勘学举例

学术界言校勘萌芽于先秦。所举最可信的事例，是《吕氏春秋》记孔门弟子卜子夏订史的故事。

> 子夏之晋，过卫，有读史记者曰："晋师三豕涉河。"子夏曰："非也，是己亥也。夫'己'与'三'相近，'豕'与'亥'相似。"至于晋而问之，则曰：晋师己亥涉河也。

唐刘知几《史通·补注篇》赞刘孝标注《世说》，"察及泉鱼，辨穷河豕"，即用此典故。清刘寿曾以为订史之始（刘寿曾《传雅堂文集》卷2《周易汉读考序》）。近世胡适谓"已具有校勘学的基本成分"（胡适《元典章校补释例序》）。这一故事。最早体现了史料校勘对历史研究的重要性。历史学者如盲从"三豕"涉河，则岂非闹笑话！

王国维《宋代之金石学》中尝言，考证盛于宋代。其时，出现了一部校勘学的杰作——朱熹《韩文考异》。“韩文”，是唐大文豪韩愈的专集。自唐迄宋，《韩文》的传本甚多。颇有歧异。与朱熹同时人方嵩卿撰《韩集举正》，详加评比。《四库全书总目》称其书“所据碑本凡十有七，所据诸家之书，凡唐令狐澄本、南唐保大本、秘阁本、祥符杭本、嘉祐蜀本、谢克家本、李昞本，参以唐赵德《文录》、宋白《文苑英华》、姚铉《唐文粹》，参互钩贯，用力亦勤”。但朱熹嫌其去取不当，“多以祥符杭本、嘉祐蜀本及李、谢所据馆阁本为定，而尤尊馆阁本，虽有谬误，往往曲从，它本虽善，亦弃不录”。于是“辄因其书更为校定。悉考众本之同异，而一以文势义理及他书之可证验者决之。苟是矣，则虽民间近出小本不敢违。有所未安，则虽官本、古本、石本不敢信”。（朱熹《韩文考异序》）这是比较科学的态度。怎样评定是非？朱熹已弥补了单纯以善本校正坊本的不足。能够把时间、地点与人事作综合的判断，而告读者以去取之由。兹举其校《祭田横墓文》为例：

> 按此文开首有“贞元十一年九月，愈如东京，道出田横墓下”语，方氏从阁、杭、蜀本作“愈东如京”。二本均释韩愈是时往洛阳。朱熹从洪氏本改定为“愈如东京”。洪氏谓韩愈于唐德宗贞元十一年出长安，至河阳，继而有至东京洛阳之事。朱熹补证：查田横墓在洛阳东20里。从河阳经墓下而走洛阳，乃是西向，安得言“东如京”？且洛阳也不应单称“京”。唐京乃是长安。

《韩文考异》为后人研究韩愈和唐史提供了比较可靠的文献。

二、辨伪学举例

东汉马融辨伪今文《太誓》，是我国古籍辨伪的滥觞。此已为学术界所公认。

按《太誓》是周武王灭殷纣的文告。孔子以之编入《尚书》。秦火后，《尚书》散失。汉文帝时，伏生传于齐鲁之间，得28篇。武帝时，又从民间得《太誓》1篇。这29篇都用当时的隶书传写，合称《今文尚书》，以区别于从孔壁发现的以篆书传写的《古文尚书》。

从现存先秦古籍所引《太誓》20余条看，此文对研究殷、周易代之际，提供了珍贵史料。其中“民之所欲，天必从之”一语，两见于《春秋左传》，两见于《国语》。盖春秋列国的有识之士，已公认民心向背，关系国家兴亡，值得当世君主借鉴。唯西汉所得的《太誓》非真本，马融对之质疑。马注《尚书》见《隋书经籍志》，现已失传。所辨《太誓》之词见唐孔颖达《尚书正义》所引：

> 《太誓》后得，按其文似若浅露。又云：“八百诸侯不召自来，不期同时，不谋同辞”，及“火复于上，至于王屋，流为雕，至五，以穀俱来举火”。神怪，得无在子所不语乎！又《春秋》引《太誓》曰：“民之所欲，天必从之。”《国语》引《太誓》曰：“朕梦协朕卜，袭于休祥，戎商必克。”《孟子》引《太誓》曰：“我武维扬，侵之于疆，取彼凶残，我伐用张，于汤有光。”孙卿引《太誓》曰：“独夫受。”《礼记》引《太誓》曰：“予克受，非予武。惟朕文考无罪；受克予，非朕文考有罪，惟予小子无良。”今文《太誓》皆无此言。我见书传多矣。所引《太誓》者甚多，弗复悉记，略举五事以明之，亦可知矣。

马融所举《春秋》，系《春秋左氏传》。《左传》襄公三十一年、昭公元年两引《太誓》：“民之所欲，天必从之。”孙卿即荀卿。所引《太誓》，见《荀子·议兵篇》。余与原书核实，引文均符合。考《论语》、《墨子》、《管子》等也引《太誓》，以故马融云“甚多”，但未尽列举。

近世陈垣论“校法四例”之三为他校法，即以他书校本书。其中云：凡其书“有为后人所引用者，可以后人之书校之”。（陈垣《元典章校补释例》）东汉马融已将此法施之于辨伪。

古史辨伪的最大公案，为辨东晋所出本伪《古文尚书》。

按《尚书》为上古之政府文件。孔子删取百篇。秦火之后，西汉时，济南伏生传《尧典》等28篇，又河内女子献《太誓》1篇，合称《今文尚书》。别有孔安国献从孔子宅壁所得《古文尚书》较今文多16篇。其书亡于晋永嘉之乱。东晋时，豫章内史梅赜献《古文尚书》及孔安国所为传，较今文多25篇。唐陆德明据以作《释文》，孔颖达据以撰《正义》。由是治《尚书》者都据东晋本。宋吴棫、朱熹始疑其行文不古。元吴澄著《书纂言》，仅注今文，谓东晋晚出之书不可信。明梅赜著《尚书考异》，明白指斥梅赜作伪。清初，姚际恒撰《古今伪书考》、《九经通论》，也辨梅赜伪书。阎若璩继起，沉潜20余年，撰成《尚书古文疏证》，震撼了学术界。

阎氏根据《史记》、《汉书》、《说文解字》等汉人所记有关孔壁《古文尚书》的资料与东晋本作比较对勘，发现了一系列矛盾：篇数不合，篇名不合，内容不合。所谓"孔安国传"，也有矛盾。按《论语》有"虽有周亲，不如仁人"句，何晏《集解》引孔安国注："亲而不贤不忠，则诛之，管、蔡是也。仁人。谓微子、箕子。来则用之。"（《论语·尧曰篇》）但东晋本《尚书·孔传》同样注此二语，却说："周，至也。言纣至亲虽多，不如周家之少仁人。"其诠释相悬绝如此，岂出一人之手！也就在"孔传"中。出现了孔安国死后才设置的金城郡。暴露了后人作伪的马脚。

辨伪，往往有反复，使真伪愈辨愈明。与阎氏同时人毛奇龄著《古文尚书冤辞》，掀起了翻案的波澜。但巧辩不能取代作伪的事实。其后惠栋著《古文尚书考》，程廷祚著《晚书订疑》，段玉裁著《古文尚书撰异》，都申阎斥毛。明清诸儒还揭发了东晋本《古文尚书》剽窃成书的劣迹。于是人赃俱获。此案遂成定论。

学术界论清人辨伪之功，咸推阎若璩。然而《尚书古文疏证》尚有取伪证的疏失。阎氏曾举陈琳《檄吴将校部曲文》以揭伪《古文尚书》中羼入了魏、晋间语言，不知此文也是赝品。

按陈琳系曹操智囊中的杰出文人，为建安七子之一。《三国志》附见《王粲传》。所著《陈琳集》，见《隋书·经籍志》，已散佚。此檄仅见于《昭明文选》。清儒凌廷堪疑之：其一，何以陈寿《三国志》及裴松之注皆不载？其二，曹操南征孙权凡三次，《三国志·魏书·武帝纪》皆有岁月可考，何以此檄不明指何年？经过核实，凌氏终于发现了后人伪作的铁证。即檄文的发布者为尚书令荀彧，而檄文的内容却有荀彧死后之事。于是判定为“齐梁文士所拟作”（《凌廷堪《校礼堂文集》卷3《书陈琳檄吴文后》），而为萧统辑入了《昭明文选》，以致谬种流传。

任何史家必须辨别所据史料的真伪。《资治通鉴》为史书的杰作，然而尚有误信后人伪造的孔子《书序》之事，为朱熹所讥。（朱熹《文集》卷54《答孙季和》）可见，辨伪对历史研究是多么重要！

三、考异学举例

考证史料最繁重的工作是比较异同。考异之作，始于东晋孙盛。当魏、蜀、吴三国鼎立以及魏、晋易代之际。史家各执一词，抑扬异致，读者必须加以比较抉择，于是孙盛撰《异同评》与《异同记》。

孙盛字安国，生于西晋，长成并出仕于东晋。《晋书》有传。所著《魏氏春秋》及《晋阳秋》均著录《隋书·经籍志》。《晋阳秋》尤称良史。《文心雕龙·史传篇》赞其“以约举为能”。《史通·忤时篇》有“孙盛实录，取嫉权门”之语，美其直书桓温枋头之败。孙盛勤于采访史料。《史通·采撰篇》称：“安国之述《阳秋》也，梁、益旧事，访诸故老。”他搜集史料，力求完备。裴松之《三国志·蜀书·诸葛亮传注》：“孙盛、习凿齿搜求异同，罔有所遗。”既有异同，就需评比，于是产生了《异同评》、《异同记》。其书不载于《隋志》，但学者犹能从裴氏《三国志注》见其鳞爪。

（1）关于赤壁之战与孙权攻合肥孰前孰后，《魏书》与《吴书》所记歧异，孙盛评定其是非。

《魏书·武帝纪》：建安十三年“十二月，孙权为备攻合肥，公自江陵征备，至巴丘遣张熹救合肥，权闻熹至，乃走。公至赤壁，与备战，不利。于是大疫，吏卒多死者，乃引军还。备遂有荆州江南诸郡”。裴注引孙盛《异同评》：“按《吴志》，刘备先破公军，然后权攻合肥。而此记云，权先攻合肥，后有赤壁之事。二者不同，《吴志》为是。”《吴志》，即《三国志·吴书》。

（2）据蜀故老言，为诸葛瞻雪诬。

《蜀书·诸葛亮传》：“自瞻、厥、建统事，姜维常征伐在外，宦人黄皓窃弄机柄，咸共将护，无能匡矫。”厥，董厥。建，樊建。裴注引孙盛《异同记》：“瞻、厥等以维好战无功，国内疲敝，宜表后主，召还为益州刺史，夺其兵权，蜀长老犹有瞻表以阎宇代维故事。晋永和三年，蜀常史常璩说，蜀长老云：陈寿常为瞻吏，为瞻所辱。故因此事归恶黄皓，而云瞻不能匡矫也。”按孙盛曾于晋穆帝永和三年以参军随桓温伐蜀，见蜀常史常璩于成都，从访故事。璩著有《华阳国志》传世。

又有徐众撰《三国志评》，见《隋志》及新旧《唐志》。今亦失传。裴松之《三国志注》引此书凡七条，均属对事件和人物的评论，不涉记载异同。

史料考异的最早杰作是裴氏《三国志注》。

《史通·古今正史》评述了魏、蜀、吴三国史书并存而多不惬人意。如说王沈《魏书》“多为时讳，殊非实录”。鱼豢私撰《魏略》，“事止明帝”。“其后孙盛撰《魏氏春秋》、王隐撰《蜀记》、张勃撰《吴录》，异闻错出，其流最多”。陈寿《三国志》“伤于简略”。于是南朝宋文帝命裴松之“兼采群书，补注其缺”。裴氏集书200余种，除补充史料外，又做了大量比较异同的工作。他比孙盛进了一步，不单凭主观推理，而重视寻求客观证据。

（1）据确凿文献判明是非。

如《蜀书·诸葛亮传》言：因徐庶力荐，“由是先主遂诣亮，凡三往，乃见”云云。注引《魏略》曰：“刘备屯于樊城，是时曹公方定河北，亮知荆州当次受敌，而刘表性缓，不晓军事，亮乃北行见备……”又引《九州春秋》，“所言亦如之”。裴注据《诸葛集·出师表》，判定陈寿所说为是。“臣松之以为亮表云：‘先帝不以臣卑鄙，猥自枉屈，三顾臣于草庐之中。谘臣以当世之事。’则非亮先诣备，明矣。虽见闻异词，各生彼此，然乖背至是，亦良为可怪！”

（2）核以时间、地点和人事。判定某些记载不可信。

如《蜀书·马超传注》引晋著作郎乐资《山阳公载记》云：“超因见备待之厚，常呼备字。关羽怒，请杀之。备曰：‘人穷来归我，卿等怒以呼我字而杀之，何以示于天下也！’张飞曰：‘如是，当示之以礼。’明日大会，请超入，羽、飞并杖刀立值。超顾坐席，不见羽、飞，见其值也，乃大惊，遂一不复呼备字。”陈寿不言此事。裴松之核以时间、地点和人事，判定其说为妄。按刘备入川，“留关羽镇荆州，羽未尝在益土也。故羽闻马超归降，以书问诸葛亮：‘超人才可谁类比’？不得如书所云，羽焉得与张飞立值乎？”裴氏严斥《山阳公载记》：“秽杂虚谬，若此之类，殆不可胜言也。”

裴松之注《三国志》的主要工作，是补其缺略，并非专事考异。宋司马光《通鉴考异》，才是我国史料考异的第一部专书。《四库全书总目》云：“昔陈寿作《三国志》，裴松之注之，详引错互之文，折衷以是，其例最善。而修史之家，未有自撰一书，明所以去取之故者。有之，实自光始。”按光上表自言，他“研精极虑”，撰成《资治通鉴》294卷。“又参考群书，评其同异，俾归一途，为《考异》三十卷。”《通鉴》同修官三人中，最长于考异的是刘恕。《宋史·文苑传》言，司马光“遇史事纷错者，辄以委恕。恕于魏晋以后事，考证差谬，最为精详。”恕尤熟梁、唐、晋、汉、周五代史事。尝“偕司马光游万安山，道旁有碑，读之，乃五代列将，人所不知名者，恕能言其行事始终。归验旧史，信然”。于助修《通鉴》外，别撰《十国纪年》一书。所谓“十国”，即五代时中原而外割据一方的前蜀、后蜀、吴、南唐、吴越、闽、楚、南汉、荆南、北汉。晁公武《郡斋读书志》引司马光题《纪年》后云：“世称路氏《九国春秋》在五代之史中最佳，此书又过之。以予考之，长于考异同。”《纪年》现无传本，但学者犹得从清初吴任臣所著《十国春秋》夹注的引文中，略窥其考异之功。在《通鉴考异》五代一段中，尤多刘恕的劳绩。兹即举以为例，论述其成果与经验。

《资治通鉴》取材丰富。据马端临《文献通考》引高似孙《纬略》所说：“《通鉴》采正史之外，其用杂史诸书，凡二百二十二家。”其中五代一段所参考的史书最多，约近50种，碑碣数种。以“实录”而论，司马光等所见者除梁、唐、晋、汉、周五代的而外，还有《南唐烈祖实录》、《后蜀高祖实录》、《后蜀后主实录》。其中高远撰《南唐烈祖实录》，至南宋时已残缺。《宋史·艺文志》著录20卷。陈振孙《直斋书录解题》作13卷，并注明“缺第八、第十二卷”。再后这些《实录》都已失传。清“四库馆臣”读宋王禹偁《五代史缺文·自序》，谓以补《五代史》360卷之缺，不得其解。不知所补者即《五代实录》，凡360卷，（晁公武《郡斋读书志》，范质《五代通录》条）已为清邵晋涵辈所不及见者也。可见，《通鉴》所参考的五代史料之丰富，是后人无法比拟的。

《通鉴考异》所处理史料的纷错复杂之状，已远过于裴松之《三国志注》。兹举数事以见大略。

（1）参证群书，取长弃短。去伪存真。

《通鉴》：唐明宗天成元年，“是岁，吴越王镠以中国丧乱，朝命不通，改元宝正。后复通中国，乃讳而不称”。

> 《考异》曰：“阎自若《唐末汎闻录》云：‘同光四年，京师乱，朝命断绝，镠遂僭大号，改元保正。明年，明宗锡命至，乃去号，复用唐正朔。’《纪年通谱》云：‘镠虽外勤贡奉，而阴为僭窃，私改年号于其国。其后子孙奉中朝正朔，渐讳改元事。及钱俶纳土。凡其境内有石刻伪号者，悉使人交午凿灭之。惟今杭州西湖落星山塔院中有镠封此山为寿星宝石山伪诏，刻之于石，虽经镵毁，其文尚可读，后题云：宝正六年，岁在辛卯。明宗长兴二年也。其元年即天成元年也。好事者或传曰保正，非也。’余公绰《闽王事迹》云：同光元年春，梁策钱镠为尚父，来年改宝正元年。永隆三年。吴越世宗文穆王薨。林仁志《王氏启运图》云：同光元年，梁封浙东尚父为吴越国王。寻自改元宝正。长兴三年，吴越武肃王崩，子成宗嗣。公绰、仁志所记年岁差谬，然可见钱氏改元及庙号，故兼载焉。至今两浙民间犹谓钱镠为钱太祖。今参取诸书为据。”

（2）取证于碑碣等可靠史料，理清纪年上的交错混乱，分别是非，交代去取之故。

《通鉴》：周太祖显德元年冬十一月，“北汉主疾病，命其子承钧监国，寻殂”。

> 《考异》曰：“刘恕云：《世宗实录》、《薛史·帝纪、僭伪

传》皆云显德二年十一月，刘崇卒。《大定录》云显德二年春，旻（即刘崇）病死。《纪年通谱》：显德二年，崇之乾祐八年，冬，崇死。显德三年，承钧改元天会。（宋）开宝元年，承钧之天会十三年，死。开宝二年，继元改元广运。（宋太平）兴国四年。继元之广运十一年也。河东刘氏有国，全无纪录，惟其旧臣中书舍人直翰林院王保衡归朝后所纂《晋阳伪署见闻要录》云：甲寅年（周显德元年）春，南伐，败归。夏，周师攻围。旻积忧劳成心疾，是冬，卒。钧即位，丁巳年（显德四年）正月旦，改乾祐十年为天会元年。又云：钧丙戌年（唐天成元年）生，二十九嗣位，年四十三卒。右谏议大夫杨梦申奉敕撰《大汉都统追封定王刘继颙神道碑》云：'天会十二年，今皇帝践祚之初年也。''十七年，继颙卒。'末题：'广运元年，岁次甲戌。九月丙午朔。'今按周广顺元年辛亥，旻即帝位，称乾祐四年。显德元年甲寅，旻之乾祐七年也。旻卒。钧立。显德四年丁巳，钧改乾祐十年为天会元年。宋开宝元年戊辰，钧之天会十二年也。钧卒，继元立。开宝七年甲戌，继元改天会十八年为广运元年。据历，是岁九月，丙午朔。（太平）兴国四年己卯，继元之广运六年也。钧以唐天成元年丙戌生，至显德元年甲寅嗣位，乃二十九矣。钧及继元逾年未改元，盖孟蜀后主、汉隐帝、周世宗之比也。诸书皆传闻相因，前后相戾，惟《晋阳见闻录》、《刘继颙碑》岁月最可考正，故以为据。"

以上既是一幅北汉主三代的世系图，也是一帧北汉与中原诸朝纪年的对照表。这是刘恕从杂乱的史料中，进行归纳比较的结果。

不读《通鉴考异》，即无由深知《通鉴》取舍史料的广博而审慎。近人傅斯年指出，从《通鉴考异》，可以看到我国史料学的成熟。

然而司马光等仍有"以意忖度"的失误。例如关于后唐庄宗封秦王李茂贞为秦王问题，《通鉴考异》的结论就是错的。按欧阳修《五代史·李茂贞传》与《通鉴》均谓李茂贞以岐王进爵秦王，当在后唐同光之世，即庄宗灭梁入洛之后。而《庄宗实录》记李茂贞于同光元年十一月遣使贺收复，已称秦王。自后皆称秦王。至二年辛巳制，有“秦王李茂贞可封秦王”云云。《通鉴考异》认为“岂有秦王封秦王之理？”并断言：“必是至是时。始自岐王封秦王也。”清儒钱大昕《廿二史考异》据《旧唐书》及凤翔《法门寺碑》等确凿史料指出：“《实录》所书本不误，温公以意改之，却非其实。”盖早在唐昭宗时，已改封李茂贞由岐王为秦王。至是，后唐庄宗“乃因其旧封授之，锡以册命”。故云：“秦王可封秦王。”“《欧史》之误，与温公同。”温公，即司马光。

近人曹聚仁写《现代中国通鉴》，深感取信于读者的不易。他说：“历史的基本条件就是要传信，不能‘传信’，只好‘存疑’，假使最低限度的真实性都站不稳，即就不必谈其他了。”（曹聚仁《现代中国通鉴序》）由此可见，史料考异对历史研究是多么重要！

四、清儒对考证学的广泛运用

校勘、辨伪、考异所解决的问题虽然不同，但使用的方法却相通，都是“归纳比较法”。清代学者曾以之施于一切诸学。其尤著者，如顾炎武、江永等以之考古韵分部；戴震以之校《水经注》，分清久已混淆的经注；王念孙与子引之以之明三古辞气……皆有功于对我国古代社会的研究。兹举《诗本音》与《经传释辞》各一例，以见清儒善于运用“归纳比较法”。

按“行”字，《唐韵》已有二音。行列之行（hang）入十一唐；行止之行（xing）入十二庚。《诗本音》卷1，《卷耳》“采采卷耳，不盈顷筐。嗟我怀人。置彼周行”下注：“考行字，《诗》凡三十二见，《书》三见，《易》四十四见，《左传》一见，《礼记》三见，《孟子》一见，《楚辞》十三见，并户郎反。其行列之行，行止之行，五行之行，同是一音。”即皆与阳、唐为韵。这就是顾炎武运用归纳比较法，取证于《诗经》及其他先秦韵文，以考古本音之例。

又按：《诗·终风》的“终风且暴”之“终”，《毛传》、《郑笺》都训为竟日，嗣后经师因循墨守。直至王念孙始发其覆。《经传释辞》卷9，“终、众”条云：“此皆缘词生训，非经文本义。终犹既也，言既风且暴也。”“下文‘终风且霾’，‘终风且曀’。义并与此同。”王氏又列举《诗·燕燕》之“终温且惠”，《北门》之“终窭且贫”，《伐木》之“终和且平”，《甫田》之“终善且有”，《正月》之“终其永怀，又窘阴雨”为证，谓“终与既同义，故或上言终而下言且，或上言终而下言又。说者皆以终为终竟之终，而经文上下相因之指，遂不可寻矣”。这就是王念孙运用归纳比较法，研究《诗经》，明古人辞气之例。正如王引之所说：“揆之本文而协，验之他卷而通”（王引之《经传释辞序》），可证其方法是合乎科学的。

运用归纳比较法，清人不仅能读某字的古音，发现它的个性，而且能概括若干类似的古音，找到它们的共性。钱大昕发现“古无轻唇音”，即典型之一例。钱氏把今读轻唇音之字，逐一核之先秦汉魏之书，发现古人皆读为重唇音。如“敷”读若“布”；“负”读若“背”或“倍”；“佛”读若“弼”或“勃”；“文”读若“门”；“弗”读若“不”；“偾”读若“奔”；“方”读若“旁”；“封”读若“帮”；“勿”读若“没”；“无”读若“模”；“妃”与“配”同，“凤”即“朋”字之今形……由此得出“凡轻唇之音古读皆为重唇”（钱大昕《十驾斋养新录》卷 5）的结论。在研究古代语言学方面，清儒的主要成果就在经过层叠使用归纳比较法，发现某些共性，如“阴阳二声相配”说、“古四声不同今韵”说，等等。这都是原理和规律。

运用归纳比较法，清儒还发现了古代社会生活交往中的一些习惯。例如汪中作《释三九》。“三”者数之成，“九”者数之终。汪氏发现，古人措辞，往往以“三”见其多。但不必尽为三；以“九”见其极多，但不必尽为九，所言“三”、“九”皆非实数而是虚数。他取证于先秦及西汉之书。《易》：“近利市三倍。”《诗》：“如贾三倍。”《孟子)：“陈仲子食李三咽。”《史记》：“三致千金”……所言之“三”，都以喻多，而非实数。同样情形，《楚辞》：“虽九死，其犹未悔。”《孙子》：“善守者藏于九地之下，善攻者动于九天之上。”《史记》：“若九牛之亡一毛”，“肠一日而九回”……所言之“九”，都喻极多，也非实数。

清代学术界最尊学贯天人的“通儒”，而提倡从精密的考证入手。钱大昕所谓：“通儒之学必自实事求是始。”（钱大昕《潜揅堂文集》卷 25

《卢氏群书拾遗序》）乾隆、嘉庆之际，考证学达到高峰。如上所述，清儒善于考证，实际即善于运用归纳比较法。但他们是不自觉地运用此法。这是由于历史条件的限制，我们不能苛求于乾嘉诸老。

五、“实证主义”促进了考证学的发展

我国古代的考证学巨子，虽已发明了一些行之有效的考证条例。如顾炎武取明陈第之说。列本证、旁证以考《诗》之本音，开有清一代古韵学的先河。戴震治学，自言不外“以字考经，以经考字”，其徒段玉裁本此二语。撰成《说文解字注》。（陈奂《说文解字注跋》）然而他们都未能表达自己思维的方法，从感性认识的变化程序来阐明考证学的法则。连什么是考证，乾嘉学者也没有给人正确的答复。如江永曾解释为：“考历代之名物、象数、典章制度，实有据者也。”（汪藩《经解入门》）这还不能表明一个科学的概念。其后焦循不满意惠氏学派对“汉学”的盲从而欲取消“考据”之名，（焦循《雕菰集》卷 13《与孙渊如观察论考据著作书》）也因不明白“考据”乃是治学的法则，与思想“保守”并不同科。直到近世，胡适吸取了西方的实证主义学说，用以总结乾嘉考据的经验，才能为中国学术史填补缺陷，发明了考证学的理论。

在 20 世纪初期，实证派在中国学界亮相登台，从一个侧面，标志学术文化的发展。其涉及考证学与历史研究的，主要如下：

其一，用西方的“实证论”，总结并改进传统的乾嘉考证学，其主要代表即胡适。胡氏提出的“大胆的假设，小心的求证”十字，是“实证论”的缩版。

其二，用地下发掘的实物材料与传统的纸上材料相印证，考求殷、周制度递变的轨迹，其主要代表为王国维。王氏提倡的“二重证据法”，为建设我国上古史行奠基礼。

其三，用西方的“进化论”，否定传统的“复古论”，不盲信古书传说，重新考释我国古代史，其主要代表为顾颉刚及其所创建的“古史辨派”。顾氏考证所得的“层累地造成的古史观”，揭露了“三皇五帝”的真相。

其中，在思想方法上的影响所及，几乎覆盖了以上史学流派的，就是胡适所推行的“实证论”。因此，我赞成称这一代史学前辈为“实证派”。他们自觉或不自觉地接受“实证主义”，发展了乾嘉考证学。

没有东西方在学术方法上的交流，是不可能出现这个新局面的。这个历史任务，落到了兼通东西方学术胡适的肩上。胡适是第一个说西方的“现代科学法则和我国古代的考据学、考证学，在方法上有其相通之处”的人。胡氏指出：“推理思想并非科学家在实验室内所专有。那只是人类常识上的法则。科学的法则只是把常识上的法则纪律化而已。”胡适又说：“治学方法东西双方原是一致的。双方之所以有基本上相同之点，就是因为彼此都是从人类的常识出发的。”（《胡适口述自传》。本节引胡适语未注出处的，皆见此文）他曾以校勘学为例。评述东西方的治学方法相通。

胡适把校勘分为三步：“一是发现错误”，“必须依靠不同本子的比较”；“二是改正”；“三是证明所改不误”，“凡未经证实的改读，都只是假定而已，臆测而已”。“以上三步工夫，是中国与西洋学者共同遵守的方法，运用有精有疏，有巧有拙，校勘学的方法终不能跳出这三步工作范围之外。”（胡适《元典章校补释例序》）

胡适所说的“现代科学法则”，即其在美国康奈尔大学所亲炙的杜威“实证论”。“杜威认为，一切有系统的思想和批判的法则，都是在一种怀疑状态之下产生的。”胡适为之作注脚：“也就是说，在一些史籍上发现了可疑之处，例如一个时间上的差异。和史迹上有些不符之处，使学者难以置信。”由此必须运用批判的治学方法，以解释困惑或疑问。这种“批判的治学方法”，中国学界叫做“考证”。胡氏对外译作“有证据的探讨”。

杜威把“批判的治学方法”的思维程序，表述为五个阶段：

> 第一个阶段为思想之前奏（antecedent），是一个困惑、疑虑的阶段。这一阶段导致思想者认真去思考。
>
> 第二阶段为决定这疑虑和困惑究在何处。
>
> 第三阶段（为解决这些困惑和疑虑）思想者自己会去寻找一个（解决问题）的假设。

第四阶段，在此阶段中，思想者只有在这些假设中，选择其一作为对他的困惑和疑虑的可能解决的办法。

第五也是最后阶段，思想的人在这一阶段要求证，把他（大胆）选择的假设，（小心的）证明出来那是他对他的疑虑和困惑最满意的解决。

对以上程序，胡适概括为“大胆的假设，小心的求证”十字。这里的“假设”，是已有依据的判断，而绝非是凭空想当然。“想当然”，是与“实证主义”背道而驰的。

中国的考证学不谋而合地支持了杜威的理论。经过比较，胡适应用现代科学术语，给乾嘉考据以新的解释和评价。“这些（乾嘉）大儒他们所用的中国固有古典训练中归纳比较的方法，也是极其严谨的和极其科学的。”但从总体上说，中国传统的考证学还比不上西方“实证论”严谨。乾嘉诸老还不免有“以意忖度”之失，而实证论者却坚持“无征不信”，“言必有据”。即以校勘为例，胡适找到了东西方的差距。他指出：“凡没有古本的依据，而仅仅推测某字与某字形似而误，某字涉上下文而误的，都是不科学的校勘。”（胡适《元典章校补释例序》）如高邮王氏父子，也不免有此失。实证论者坚持“先见古书之异文，然后定其是非”，并找出其致误之由，是因字形近似或其他等。而乾嘉学者却往往把这种个别误例的原因，演绎为校误的普遍根据，这实际是误走了“以意忖度”，“立言无据”的回头路。一发现与西方实证论的差距，中国的考证学就向前跃进了一步。大批学者自觉不自觉地转变为实证派。如汤用彤撰《魏晋南北朝佛教史》，“处处注重证据，无证之说虽有理亦不敢用”。胡适盛赞“这是最可效法的态度”（《胡适的日记》1937 年 1 月 18 日）。刘文典撰《庄子补正》，“虽能确证其有所误，然无书本可依者，则不之补。虽能确证其有所误，然不详其所以致误之由者，亦不之正。”（陈寅恪《金明馆丛稿》二编《刘叔雅庄子补正序》）这正是实证主义的体现。其后，胡氏门人傅斯年创建的“新考证派”，即以实证主义改进过的中国考证学派。

胡适以后又发表《考据学的责任与方法》一文，加强申述“实证主义”的理论。“历史的考据是用证据来考定过去的事实，史学家用证据考定事实之有无、真伪、是非，与侦探访案，法官判狱，责任严重相同，方法的谨严也相同。”他要求“凡做考证的人，必须建立两个驳问自己的标准”，“第一个驳问是要审查某种证据的真实性；第二个驳问是要扣紧证据对于本题的相干性”。只有这样，才能做结论。此文也是我国考证学的重要文献。

六、考证学与唯物史观相结合

实证主义对考证学的表述和改进，还是不圆满的。其一，实证主义没有说明，为什么东西方考证家不谋而合地都使用归纳比较法？杜威的五段论与胡适的十字公式，均未能透过现象看本质明确反映考证进程的思维法则。其二，实证主义没有对防止考证工作的各种弊病提供理论根据。学术界只有运用更科学的辩证法，才能比较圆满地解答这些重要课题，使考证学跨上更高峰。

在20世纪初期，马克思主义的唯物史观也进入中国，给知识界以强劲的刺激，先进的中国学者开始用崭新的唯物史观，解释前人的考证成果，产生了崭新的历史论著。其代表作有郭沫若《中国古代社会研究》等。1931年“九一八”事变，日本军国主义进攻我国东北的炮声，激起我国知识界奋起救亡。曾受乾嘉考证学锻炼过的一批志士仁人，率先运用唯物史观，阐述中国人民创造历史，以鼓舞爱国群众反抗日寇的斗志。其代表人物，有吴承仕、范文澜等。

吴承仕是乾嘉朴学殿军章炳麟的入室弟子，擅长经学，尤精《三礼》。他遵循乾嘉学派的遗规，深明文字、训诂、声韵。在20世纪的20、30年代，与章门另一高第黄侃，分别教授中央大学与北京师范大学，学术界有“南黄北吴”之目。吴氏所超越于章、黄之处的，是在于他晚年信仰了马克思主义，努力把前人及自己考证所得的经、小学成果，用唯物史观加以解释，借以证明马克思主义的历史理论也适用于中国。1933—1934年，吴氏在《文史》上连续发表的《语言文字之演进过程与社会意识形态》、《竹帛上的周代封建制与井田制》等论文，都是考证学与唯物史观初步结合的产物。范文澜曾师从黄侃，也是乾嘉学派的传人。他早期所作的

《文心雕龙注》，就是考证学的成果。从他发表于燕京大学编印的《史学年报》上的某些论文看，范氏曾受“古史辨派”的影响。之后，他信仰了马克思主义。抗日战争中，吴承仕在敌占区拒绝当汉奸大学校长，宁愿贫病而死，大义凛然。范文澜崎岖走陕北，在极端困难的条件下，创始撰《中国通史简编》。新中国成立后，又创始撰《中国近代史》。学术界公认范氏之所以能撰此二书，筚路蓝缕，成为新中国历史科学奠基人之一，其主要条件有二：一是掌握了唯物史观；二是精通中国传统文化。也就是说，这些著作都是考证学与唯物史观相融合的结晶。

此外，还有一批史学前辈也做了同样努力，共同揭开建设新中国历史科学的序幕。

“论从史出”，是唯物史观的准则。马克思主义指导下的历史研究，需要丰富的史料，需要精密的考证，以便做出科学的结论。恩格斯说：“即使只是在一个单独的历史实例上发展唯物主义的观点，也是一项要求多年冷静钻研的科学工作。因为很明显，在这里只说空话是无济于事的，只有靠大量的、批判地审查过的、充分地掌握了的历史资料，才能解决这样的任务。”[1]（p.527）这里所谓“批判地审查”，包括考证。历史唯物论者不仅需要运用现成的考证方法和成果，还需要用辩证法驾驭并改进传统的考证学。

（1）用矛盾对立、统一的事物发展法则，取代胡适的十字公式，重新表述学者在从事“校勘”、“辨伪”、“考异”等工作中的思维发展程序，即“发现矛盾，充分揭露矛盾并试图解决矛盾，在一定条件（取得确证）下最终解决矛盾”。版本之是非，文件之真伪，记载之异同，无一不是矛盾。有矛盾就需比较，有统一就需归纳，因此，世界东西方的考据家不谋而合地都使用归纳比较法。

（2）用辩证法驾驭和改进考证学，使考据家不再受静止的、孤立的、片面的形而上学世界观的影响，为克服钻牛角尖、就事论事、割断因果等弊病，提供依据。

用辩证法表述和改进过的考证学，仍然不能解剖理性认识问题。例如，考证农民战争的起因，只能得到“官逼民反”的结果。必须进一步用唯物史观加以分析，才能揭露其根源是残酷的封建剥削。但前者已为后者准备了感性认识的基础。

实现以上建设工程，并非易事。当老一辈史家还未及完成其历史使命时，不幸发生十年“文革”之祸，历史学成了重灾区，考证交上了恶运，唯物史观被篡改和歪曲，其损失是难以估量的。现在我们必须百倍努力，追回失去的时间。加速建设历史科学，为实现中华民族的伟大复兴作出贡献。其关键在于方法必须对头。

1998年，我有幸参加中国历史学会第六次代表大会，因病做了书面发言。我说：展望21世纪我国历史研究的主流，从方法上说，必将是“考证学与唯物史观相结合”。本文重申鄙见，抛砖引玉，期待同志们赐之教言。

参考文献

[1] 马克思，恩格斯．马克思恩格斯全集：第13卷[M]．北京：人民出版社，1965.

原载《扬州大学学报》人文社会科学版2002年第3期

修纂《清史·朴学志》日记

二〇〇四年

七月五日

国家清史编委会典志组电话告知，申报《清史·朴学志》立项已获准。斯事体大，衰年末学，不胜此任，当努力为之。

阅邵晋涵《南江文钞》。

《续修四库全书》据清道光十二年胡敬刻本影印。凡十二卷。卷十二为《四库书提要稿》，晋涵在四库馆时所撰也。从《史记》，至《明史》。以《四库提要》与之对勘，有全采用者，有小加增删者。《隋书》之后，列目无文。

七月六日

续以《四库提要》校《南江文钞》。

七月七日

阅《南江文钞》卷八，《与程鱼门书》、《与吴衣园书》、《与朱笥河学士书》（一二三），均言撰《尔雅正义》的艰苦经过。

七月八日

清史典志组郭成康组长电话，《朴学志》已立项，进入签订合同阶段。

七月十一日

起草《清史·朴学志》凡例。

七月十三日

成立项目组。快递公司送来合同文本，签字。组成《清史·朴学志》项目组，祁龙威负责，成员田汉云、陈文和。张连生任秘书。报北京，抄报单位。

七月十四日

扬大校长郭荣在合同文本盖章。与郭成康同志通电话，告以连生夜车入京，送合同及经费预算。

七月十八日

连生自北京归。

七月十九日

修改《清史·朴学志》凡例。

七月二十一日

始阅顾炎武《日知录》。

七月二十九日

收到国家清史领导小组办公室所寄《朴学志》项目组负责人聘约合同，规定任务和报酬。签名盖章后，交连生寄回清史办。告知汉云、文和。辑《日知录》、《说文》等条。

八月四日

国家清史编委会戴逸主任电话商谈撰《朴学志》诸事。突出主流，分定篇目。以时为经，以事为纬。定内容与体例。始写“绪论”即“概述”，总叙一代朴学的兴起、鼎盛、衰落及蜕变，分清初、乾嘉及晚清三期。

拟以“绪论”的第一段叙清初顾炎武、阎若璩创始一代朴学，作为全志样稿，备讨论。

八月九日

项目组商定撰写分工：祁龙威写“绪论”、《小学篇》；田汉云写《经解篇》、《诸子篇》；陈文和写《金石篇》、《目录篇》、《校勘与辑佚篇》；张连生写《考史与释地篇》。另约请朱家生副教授写《天算篇》。要求八月底各自拟定提纲。

八月十日

拟《朴学志·绪论》提纲。

八月十一日

与朱家生同志商谈写《天算篇》事。

八月十四日

拟《朴学志·绪论》提纲毕。

八月十五日

拟《小学篇》提纲。

八月十六日

汉云来，商拟《经解篇》、《诸子篇》提纲。

八月十七日

续写《小学篇》提纲。第一章《尔雅学》，第二章《说文学》，第三章《声韵学》。

八月十九日

与连生商拟《考史》提纲。

八月二十日

文和来，商拟《金石》、《目录》、《校勘与辑佚》诸篇提纲。

八月二十三日

递报告于校党委，为《清史·朴学志》工程已启动也。收到清史办下达的第一年度经费十万零五千元。（后不悉记。）

八月三十一日

收缴提纲。未交齐。

九月一日

郭成康同志来电话，指导工作。

九月二日

寄典志组以《朴学志》凡例及部分提纲。

九月四日

项目组会议，回顾八月份工作，部署九、十月工作。抓进度。

九月五日

始写前人对清朴学的研究述评。项目组分工：我写建国前；汉云写建国后；文和写对史料的整理与出版。

九月十日

续写前作，日数百字不间断。从评述《汉学师承记》到评介胡适的有关论文。

九月十六日

感冒甚剧，坚持续写前作。

九月二十五日

续写前人对清朴学史研究的述评，始评章炳麟《訄书·清儒》。

十月二日

评太炎先生《清儒》毕。此文阐明，清代朴学的主流是惠戴之学。

十月四日

始评梁启超《近三百年学术史》。此书写清朴学的横切面。

十月七日

始评梁启超《清代学术概论》。此书写清朴学的纵线。梁氏两书表明，一纵一横是写清朴学史的最好方法。

十月十三日

写前人对清朴学史的研究述评毕。

此文后辑入《龙威读书录》（广陵书社 2010 年 3 月版）。其结尾云："近世学人以论清朴学史而名家者众，其最著影响者厥唯章、梁、胡三大师。章炳麟撰《訄书·清儒》，朴学的源流及其特点明；梁启超著《清代学术概论》、《中国近三百年学术史》，研究朴学史一纵一横的方法明；胡适发表《清代学者的治学方法》等论文，朴学的科学性质及其价值明。"此文实为修纂《清史·朴学志》奠基。

十月十五日

阅《洪亮吉集》，中华书局《中国古典文学基本丛书》本，录其有关清初及乾嘉朴学之兴起与鼎盛的评述云："…· 迨我国家之兴，而朴学始辈出，顾处士炎武、阎徵君若璩首为之倡，然奥窔未尽辟也。乾隆之初，海宇乂平，已百余年，鸿伟傀特之儒接踵而见，惠徵君栋、戴编修震，其学识始足方驾古人。"（《卷施阁文甲集》卷第九《邵学士家传》）按，戴震未授编修？

洪氏评述清初及乾嘉的藏书家云："藏书家有数等：得一书必推求本原，是正缺失，是为考订家，如钱少詹大昕、戴吉士震诸人是也。次则辨其板片，注其错讹，是谓校雠家，如卢学士文弨、翁阁学方纲诸人是也。次则搜采异本，上则补石室金匮之遗亡，下可备通人博士之浏览，是谓收藏家，如鄞县范氏之天一阁，钱唐吴氏之瓶花斋，昆山徐氏之传是楼诸家是也。次则第求精本，独嗜宋刻，作者之旨意纵未尽窥，而记刻书的年月最所深悉，是谓赏鉴家，如吴门黄主事丕烈，邬镇鲍处士廷博诸人是也。又次则于旧家中落者，贱售其所藏，富室嗜书者，要求其实价，眼别真赝，心知古今，闽本蜀本，一不得欺，宋椠元椠，见而即识，是谓掠贩家，如吴门之钱景开、陶五柳，湖州之施汉英诸书估是也。”(《北江诗话》卷三)

十月十七日

阅朱一新《无邪堂答问》。中华书局本。

录解题：张之洞督粤时，开广雅书院以课士，名其堂曰“无邪”。朱一新曾主斯院，辑与诸生问答之辞为五卷。

录其指摘汉学家之言二则：

其一，《国朝学案小识》书后。汉学家之言曰：“训诂名物，治经之途径，未有入室而不由径者。”其言良有功于经学。第终身徘徊门径之间，而不一窥宫墙之美富，揆诸古人小学、大学之教，夫岂其然。

其二，俞恩荣问：“相人偶为仁。”答：阮文达此言恐是误读郑注。郑注《中庸》云：“仁，人也。读如相人偶之人。”郑注“读如”之例与《说文》不同。《说文》字书，其所举者制字之本义。故“读如”之字，往往义寓于声，可寻声以得义。郑注乃训诂之书，凡“读如”者皆拟其音，非释其义。义则别有训释以明之。段懋堂《周礼郑读考》所立三例至确。

十月二十六日

与连生商改《释地》提纲。

十月二十七日

与文和商改《金石》、《目录》提纲。郭成康同志电话，典志组拟于十二月在扬州开会，统一规格。即允诺承办。

十月三十日

收到国家清史编委会所颁银行卡，月支项目组负责人津贴税后八千余元。即约定分与组员田汉云、陈文和两位各贰千伍百元，自留三千元。每季度给张连生劳务费伍千元，在经费内支付。(后不再记，另有收据存档。)

十一月二日

至市工商银行，第一次领取津贴，按约分给汉云、文和。

十一月四日

要求全组于本月二十日前，完成清朴学史研究综述。

十一月七日

阅刘师培《读书随笔》。

十一月九日

阅刘师培《中国文学教科书》。所论为小学。第二十四课论四声，据顾炎武《音论》，谓“四声之说起于永明，定于梁、陈之间。”“试即古代言四声之书考之”，所列书七种，两种见《南史》，四种据《隋书·经籍志》，惟最后一种《四声等字》据钱曾《读书敏求记》，不知撰人姓名，亦不详卷数。龙威按，《四声等字》乃《四声等子》之异名，系宋时等韵书之一，非南朝人四声书也。刘氏于《读书随笔》中曾言元刘鉴《切韵指南》创十六摄“摄”之名始此。其实已见于《四声等子》。又按《四声等子》一卷，有《咫进斋丛书》等刊本。

十一月十日

典志组电话，决定下月来扬，开天文、地理等六项目的座谈会，交流样稿。

十一月十一日

典志组电话，确定会议时间、人数及伙食标准，即请市委宣传部赵昌智部长，代预订新世纪大酒店。

十一月十二日

典志组电话，调整会议内容，改为《朴学志》一家的座谈会，规模不变。

十一月十九日

写《朴学志·绪论》第一段，顾、阎创始清代朴学，备会议讨论“样稿”。

十一月二十日

续写“样稿”。

十一月二十一日

写“样稿”近三千字成。先释“朴学”，一名“汉学”，又称“考据学”：再述顾炎武、阎若璩创清朴学。

十一月二十六日

典志组郭成康组长偕林乾教授从北京来，商谈下月座谈会事宜。当面上交“凡例”、“提纲”、“样稿”及部分“研究述评”。与汉云、文和同商谈，督进度。当晚，郭、林二教授夜车返京。

十二月一日

阅周祖谟前辈《问学集》。中华书局版。上下册。摘录以下诸文：《陈澧切韵考辨误》、《尔雅之作者及其成书之年代》、《重印雅学考跋》、《方言校笺序》、《许慎及其说文解字》、《论段氏说文解字注》、《书刘熙释名后》、《读王氏广雅疏证手稿后记》、《广韵校本序》。

十二月五日

阅台湾林庆彰教授《清初的群经辨伪学》。文津出版社印行。

十二月十六日

与毓清移住新世纪大酒店。来新夏教授夫妇、汤志钧研究员夫妇等先后到。

十二月十七日

《朴学志》座谈会。上午，成崇德、郭成康、陈其泰、王俊义、黄爱平、姜涛等从北京来。即与郭君商定会议日程。午后《清史·朴学志》座谈会开会。

致词：受命以来，夙夜忧虑，深恐衰年末学，难胜此重任，故而向各专家竭诚求助。当与项目组同仁鞠躬尽瘁。

扬州大学党委书记范明、中共扬州市委常委宣传部部长赵昌智，分别致词，表示支持。

国家清史编委会副主任成崇德传达戴逸主任对到会专家的问候。摄影。

对《朴学志》样稿进行审议。

十二月十八日

竟日审议“样稿”。午后四时，郭成康组长做小结：通过“样稿”。

不写泛论汉宋的“学术志”，而是专叙以考据为中心的“朴学志”。夜，与来新夏、汤志钧二老友等话别，致谢忱。

十二月二十六日

始阅惠栋《松崖文钞》。《续修四库全书》据刘世珩校刊《聚学轩丛书》第二集本影印。其书实萧穆所辑，分二卷以符栋行状所言之数。

栋倡导治经必由汉学，见以下诸文：

《九经古义述首》：“汉人通经有家法，故有五经师，训诂之学，皆师所口授，其后乃著竹帛，所以汉经师之说，立于学官，与经并行。五经出于屋壁，多古字古言，非经师不能辨。经之义存乎训。识字审音，乃知其义。是故古训不可改也，经师不可废也。”

《易汉学自序》：“六经定于孔子，毁于秦，传于汉。汉学之亡久矣。独《诗》、《礼》、《公羊》犹存毛、郑、何三家。《春秋》为杜氏所乱，《尚书》为伪孔所乱，《易经》为王氏所乱。杜氏虽有更定，大校同于贾、服。伪孔氏则杂采马、王之说。汉学虽亡而未尽亡也。惟王辅嗣以假象说《易》，根本黄老，而汉经师之义荡然无复有存者矣。”“栋曾王父朴庵先生尝悯汉学之不存也，取李氏《易解》所载者参众说而为之传，天、崇之际，遭乱散佚，以其说口授王父，王父授之先君子，于是成《易说》六卷，又尝欲别撰汉经师说《易》之源流而未暇也。栋趋庭之际，习闻余论，左右采获，成书七卷，自孟长卿以下，五家之《易》，异流同源，其说略备……庶后之思汉学者，犹知取证。”

十二月二十八日

与连生商定经费报销原则：专款专用，公私分明，节约。阅杭世骏《道古堂集》。《续修四库全书》据原刻本影印。录其史学诸有关函件。《与江慎修书》：“仆近为《读史匡谬》一书，凡后史证前史之非者都为一例。”《与张曦亮书》：“比读陈寿三《志》，窃怪裴世期之《集注》尚有缺焉。因更广采异闻，以增益其所未备。”《古文尚书疏证跋》。《阎若璩传》。

十二月三十日

汤志钧兄寄赠所著《庄存与年谱》。

二〇〇五年

元月一日

与文和商拟《校勘与辑佚》提纲。

一月三日

摘抄《戴震全书》。(关于治经方法论。)黄山书社本。

《东原文集》。

《古经解钩沉序》:"士生千载后,求道于典章制度而遗文垂绝。今古悬隔,时之相去殆无异地之相远,仅仅赖夫经师故训乃通,无异译言以为之传导也者。又况古人之小学亡而后有故训,故训之法亡,流而为凿空。数百年以降,说经之弊,善凿空而已矣。""后之论汉儒者,辄曰故训之学云尔,未与于理精而义明。则试诘以求理义于古经之外乎?若犹存古经中也,则凿空者得乎?呜呼!经之至者道也;所以明道者,其词也;所以成词者,未有能外小学文字者也。由文字以通乎语言,由语言以通乎古圣贤之心志,譬之适堂坛之必循其阶,而不可以躐等。是故凿空之弊有二:其一,缘词生训也:其一,守讹传谬也。缘词生训者,所释之义,非其本义。守讹传谬者,所据之经,并非其本经。""今仲林得稽古之学于其乡之惠君定宇,惠君与予相善,盖尝深嫉乎凿空以为经也。二三好古之儒,知此学之不仅在故训,则以志乎闻道也,或庶几也。"

《六书音均表序》:"许叔重之论'假借'曰:'本无其字,依声托字。'夫六经字多假借,音声失而假借之意何以得?故训音声相为表里。故训明,六经乃可明。后儒语言文字未知,而轻凭臆解以诬圣乱经,吾惧焉。段君又有《涛经小学》、《书经小学》、《说文考证》、《十七部古韵表》等书,将继是而出,视逃其难相与凿空者,于治经孰得孰失也。"

《重刊五经文字九经字样》序"自宋以来,学者于小学不讲。"

《戴东原先生文·与某书》:"汉儒训诂有师承,亦有时傅会;晋人傅会凿空益多;宋人则恃胸臆为断,故其袭取者多谬,而不谬者在其所弃。"

《戴氏杂录·题惠定宇先生授经图》:

"前九年,震自京师南还,始觌先生于扬之都转盐运使司署内。……明年,则闻先生已殁于家。今徒拜观先生遗像曰'授经图'者。盖先生之学，直上追汉经师授受，欲坠未坠霾蕴积久之业，而以授吴之贤俊后学，俾斯事逸而复兴。……言者辄曰：有汉儒经学，有宋儒经学，一主于训故，一主于理义。此诚震之大不解也者。夫所谓理义，苟可以舍经而空凭胸臆，人人凿空得之，奚有于经学之云乎哉！惟空凭胸臆之卒无当于贤人圣人之理义。然后求之古经。求之古经而遗文垂绝，今古悬隔也，然后求之训故。训故明则古经明，古经明则贤人圣人之理义明，而我心之所同然者乃因之而明。贤人圣人之理义非它，存乎典章制度者是也。松崖先生之为经也，欲学者事于汉经师之训故，以博稽三古典章制度，由是推求理义，确有据依。彼歧训故、理义二之，是训故非以明理义，则训故胡为？理义不存乎典章制度，势必流入异学曲说而不自知，其亦远乎先生之教矣。"

一月十日

以上月座谈录音记录及修改后的"样稿"寄典志组。连生校对甚细密。

一月十一日

阅王鸣盛《西庄始存稿》。《续修四库全书》据清乾隆三十年刻本影印。

卷二十四，《古经解钩沉序》言惠戴之学的区别云："吾交天下士，得通经者二人：吴郡惠定宇，歙州戴东原也。间与东原从容语：'子之学于定宇何如？'东原曰：'不同，定宇求古，吾求是。'嘻，东原虽自命不同，究之求古即所以求是，舍古无是者也。"

《诗经叶韵参补序》谈"叶音"云："夫'叶韵'也者，六朝人谓'协句'，小颜注《汉书》谓之'合韵'。曰叶曰协曰合，一也。其言本无病也，病在不以叶音为本音，而以为《诗》中自有叶音耳。……然自当《唐韵》盛行之时，赖才老之讲明，而世始知有古音，递相推衍，至顾氏而始无遗恨，是考古之功，实自才老始。"

一月十四日

与汉云讨论，治清朴学必读清朴学家原著"采铜于山"。

一月三十一日

阅王昶《春融堂集》。录其论惠戴之学。

卷五十五,《惠定宇先生墓志铭》:“鸣呼!自孔贾奉敕作《正义》,而汉魏六朝老师宿儒专门名家之说并废。又近时吴中何氏焯、汪氏份以时文倡导学者而经术益衰。先生生数千载后,耽思旁讯,探古训不传之秘,以求圣贤之微言大义,于是吴江沈君彤、长洲余君萧客、朱君楷、江君声等先后羽翼之。流风所煽,海内人士无不重通经,通经无不知信古,而其端自先生发之,可谓豪杰之士矣!”

《江慎修先生墓志铭》:“予友休宁戴君东原,所谓通天地人之儒也。尝自述其学术,实本之江慎修先生。”

《戴东原先生墓志铭》:“元和惠先生栋,三世传经,其学信而好古,于荀虞之《易》,郑、孔之《礼》,何休《春秋》,旁搜广摭,发明古义。东原见于扬州,交相推重也。”

《詹事府少詹事钱君墓志铭》:“惠君三世传经,其学必求之《十三经注疏》暨《方言》、《释名》诸书,而一决于许氏《说文》,以洗宋元来庸熟鄙陋。君推而广之,错综贯串,更多前贤未到之处。”

二月二日

郭成康组长电话,根据戴逸主任意见,将提前交稿计划,商修改部分合同。旋收到典志组《通报》第七期,上刊戴公讲话。不再实行先交长编,再交志稿。改为分阶段志稿、长编一起交。即向项目组同仁传达。

二月三日

阅程晋芳《勉行堂文集》。《续修四库全书》据清嘉庆二十五年刻本影印。

录其评惠氏汉学泥古诸作:

卷一,《正学论》(四):

“古之学者曰以智,今之学者曰以愚。古之学者由音释训诂之微,渐臻于诗书礼乐广大高明之域;今之学者琐琐章句,至老死不休,何雅俗大小之不同也。且海内儒家昌言汉学者几四十年矣,其大旨谓唐以前书皆寸珠尺璧,无一不可贵,由唐以推之汉,由汉以溯之周秦,而九经史汉注疏为之根本,宋以后可置勿论也。呜呼!为宋学者未尝弃汉唐也,为汉学者独可弃宋元以降乎!”

卷五《周易述跋》:

“近者汉学之盛，倡于定宇，谓《易》有五家：汉、魏、晋、唐、宋，惟汉《易》用师法得其传。不知辅嗣微言，不同于解《老》。凡定宇所尸祝者皆辅嗣既拨之云雾也。……然此采辑颇博，足资搜讨。如以《易》之正道在是，则入于幽谷不复出矣。”

二月八日

农历甲申除夕，始写《朴学志·绪论》第二段，论述乾嘉惠戴之学。

二月十九日

打印《朴学志·绪论》（二）。

二月二十八日

郭成康组长电话，商定于三月十五日、十六日，在扬州开“朴学”、“西学”、“思潮”三志座谈会，讨论统一体例与避免交错问题。

《西学志》负责人熊月之教授，《思潮志》负责人周积明教授，《朴学志》负责人祁龙威。地点：扬州大学虹桥宾馆。

三月四日

与朱家生同志商改《天算篇》。

三月十日

戴逸主任要求“突出重点”。戴逸主任对送审的《朴学志》大纲做了批示。他以《经解篇》叙《易》学突出胡渭、惠栋、焦循的创造，叙《礼》学突出凌廷堪、孙诒让的成果为例，要求突出重点，删繁就简，去芜存菁。

三月十五日

三志座谈会。三志同仁开会，熊月之同志因公请假，派代表列席。郭成康组长主持。祁龙威发言汇报：《朴学志》“以学为主”，以区别于“以人为主”的《儒林传》和“以书为主”的《艺文志》。以“概述”为纲，按清初、乾嘉、晚清三期，总叙一代朴学的兴起、鼎盛、衰落与蜕变的脉络。本着以经学为中心带动其他诸学的体系，分为《经解》、《小学》、《史地》、《诸子》等若干篇，各有小序引出其成果与经验。每篇又按内容需要分若干章，如《小学篇》由《尔雅学》、《说文学》、《声韵学》三章组成。座谈勾画出《朴学志》的雏形。

三月十六日

上午，座谈处理三志交错问题。午后，项目组开会，学习戴逸主任于三月十日对《朴学志》写的意见，要求发扬清朴学的科学性，也指出其局限性，总结经验，供后人借鉴。

三月二十三日（在香港）

阅周祖谟前辈为《大百科全书》写的《汉语训诂学》。

三月三十日

与郭成康同志通电话。寄项目组诸君信，促写作。

四月四日

始写《朴学志·概述》第三段，论述晚清朴学的衰落与蜕变。

四月九日

《朴学志·概述》（三）脱稿。

四月十一日

将《朴学志·概述》三段合一，从头整理加工。

四月十八日

“概述”完稿。《朴学志·概述》上中下三段合篇完成。加注。此稿始撰于扬州，完稿于香港。

四月二十五日

寄《朴学志·概述》稿于扬州，付连生打印。（五月，有澳洲之行）

六月一日

与汉云、文和通电话，抓写《朴学志》进度。

六月三日

从香港寄《朴学志·概述》稿与北京清史典志组。

六月十五日

与郭成康同志通电话，知已收到《朴学志·概述》稿。向其报告将于十九日返扬州。

六月二十三日

阅《惜抱尺牍》。《丛书集成续编》本。凡八卷。

录其讥“汉学”琐碎者。卷五，《与陈硕士》：“惠氏《左传补注》亦自见读书精密处，特嫌其所举太碎小。近世为汉人学者率有斯病。愚意不喜之，觉殊不能逮顾亭林也。”

录其菲薄戴震言义理者。卷六，《与陈硕士》：“戴东原言考证岂不佳，而欲言义理以夺洛闽之席，可谓愚妄，不自量之甚矣！”

收缴《朴学志》本阶段稿件。

六月二十五日

阅《复初堂文集》。凡三十五卷《续修四库全书》据清李彦章校刻本影印。翁方纲不薄考据，但谓考据是为义理，为考据者不当背程朱。见以下诸作。

卷六，《自题校勘诸经图后》：

“考订之学何以专系之经也？曰：考订为义理也。其不涉义理者亦有时入考订，要之以义理为主也。学者束发受书，则由程朱以仰窥圣籍。及其后见闻稍广而渐自外于程朱而骛末者也。是亦因宋后诸家专务析理，反置《说文》、《尔雅》诸书不省，有以激成之。吾今既知朴学有益，博综考订，勿蹈宋后诸家之弊，则得之矣。而岂敢转执考订以畔正路乎！”

卷十二《送卢抱经南归序》：

“予尝自谓抱经校雠之精，用力之笃，惟予知之最详……然予不惟君之精且博是叹，而独叹其弗畔于朱子也。凡校雠家之精且博者皆在南宋，而论乐律如西山，诂字义如北溪，胥于朱门发之。今之学者稍窥汉人涯际，辄薄宋儒为迂腐，甚者且专以攻击程朱为事。虞道园有言，此特文其猖狂不学以欺人而已矣。抱经题跋诸篇，谓世人于朱子因一二未安，而遂并议其全。又于妄生诋如郭宗昌者则昌言排之。宜其校正古今，虚心矜慎，而不蹈流俗之弊也。”

翁氏反对考据家总结前人条例。见下文。

卷十六，《书金坛段氏汉读考后》：

“治经之道，其最宜慎者，缺疑也。其最不宜蹈者，改字也。盱江李氏曰：‘郑康成未尝改字。’此后人重康成之勤于诸经，不欲以改字目之也。然而孔氏《诗疏》云：‘《毛传》未尝改字。’此一语即以显白郑改字矣。盖当东汉时，师承既非一家，传写亦非一本，其间岂无扶拄须整比者，是以郑君注释时间或有所订正，实亦出于不得已也。今金坛段氏为之发例，一曰读如读若，二曰读为读曰，三曰当为。不知郑君昔时果森然起例若斯欤？抑郑未有例而段氏代为举例欤？……段君之说曰：欲以明圣人之道也。段君试思，今何时乎？今之时非犹郑康成所际师承杂出之时也。士生今日，上承钦定诸经义疏，炳焉如日中天。又下承程朱大儒经义明析之后。即或宋诸儒不甚留意古训故之书，偶有未及详核者，惟当博综汉学以融合之，岂宜复举郑君改字之弊以著为例乎？……是以愚意奉劝善为学者，当博考古今诸家而一以勿畔程朱为职志。”

七月一日

与文和商改《校勘》篇。商定不以近人归纳的“四校”法，套清儒校勘成果，改为从清儒的校勘经验，总结出“四校”法，即改“以论带史”的写法为“论从史出”。

七月六日

与汉云商改《诸子篇》。商定不写泛论子书思想内容等的“诸子学”，改为专叙清儒对子书考证成果的“诸子考”。于先秦，写《荀子考》（儒家）、《庄子考》（道家）、《韩非子考》（法家）、《墨子考》（墨家）；于西汉，写《淮南子考》。余列目附焉。

七月九日

阅王力教授《中国语言学史》。其中一节论“等韵”。

七月二十一日

整理《朴学志·概述》的资料长编。

七月二十五日

始写《小学篇》的第一章《尔雅学》。读邵晋涵《尔雅正义》。

八月六日

读王念孙《广雅疏证》。录其释“匪”为“彼”等条。

八月二十日

检王引之《经义述闻》。

八月二十七日

读戴震《方言疏证》及王念孙《方言疏证补》。参阅周祖谟《方言校笺》。

九月十八日

续写《尔雅学》。阅《抱经堂文集》。凡三十四卷。中华书局一九九〇年本。有关《方言疏证校正》诸文：卷第三，《重校方言序》；卷第二十，《与丁小雅杰进士论校正方言书》；卷第二十一，《答孔荭谷书》："戴君《方言疏证》即校于其书上。又去年曾与丁小雅书论及此，亦附请教。"

十月五日

叙《释名疏证》毕。至此，写《小学篇》第一章《尔雅学》已九千余字。交打印。其中包括：戴震发明研究《尔雅》的理论和方法"以字考经，以经考字"。邵晋涵撰《尔雅正义》。戴震撰《方言疏证》。江声撰《释名疏证》。

十月九日

阅《周礼汉读考》。自序（作于乾隆五十八年）。又见《经韵楼集》卷二："汉人作注，于字发疑正读，其例有三：一曰读如读若；二曰读为读曰；三曰当为。读如读若者，拟其音也。古无反切语，故为比方之词。读为读曰者，易其字也。易之以音相近之字，故为变化之词。比方主乎同，音同而义可推也。变化主乎异，字异而义憭然也。比方主乎音，变化主乎义。比方不易字，故下文仍举经之本字。变化字已易，故下文辄举所易之字。注经必兼兹二者，故有读如，有读为。字书不言变化，故有读如，无读为。有言读如某，读为某，而某仍本字者，'如'以别其音，'为'以别其义。当为者，定为字之误、声之误，而改其字也。为救正之词。形近而讹，谓之字之误。声近而讹，谓之声之误。字误、声误而正之，皆谓之当为。凡言读为者，不以为误。凡言当为者，直斥其误。三者分，而汉注可读，而经可读。三者皆以音为用，六书之形声假借转注于是焉在。

汉之音非今之四声二百六韵也，则非通乎虞、夏、商、周、汉之音，不能穷其条理。玉裁昔年读《诗》及群经，确知古音分十有七部，又得其联合次第自然之故，成《六书音均表》，质诸天下。今考汉儒注《诗》、《礼》及他经及《国语》、《史记》、《汉书》、《淮南鸿烈》、《吕览》诸书，凡言读如、读为、当为者，其音大致与十七部之云相合。因又自喜，述《汉读考》，诒同志，先成《周礼》六卷。

郑君序曰：‘其所变易，灼然如晦之见明；其所弥缝，奄然如合符复析’，谓杜、卫、贾、马、二郑之能事也。又曰：‘犹有差错，同事相违，则就其原文，字之声类，考训诂，捃秘逸’，谓已补正之功也。训诂必就其原文，而后不以字妨经；必就其字之声类，而后不以经妨字。不以字妨经，不以经妨字，而后经明，而后圣人之道明。

点画谓之文，文滋谓之字，音读谓之名，名之分别部居谓之声类。周时大司徒乡大夫保氏所教，外史所达，大行人所谕听者，汉四百年间，憭然众著，魏李登以成书，沿至陆法言等八人犹能知其崖略。夫不言声类，欲言六书治经难矣！”

龙威按，人的“声类”，本系天籁，清儒从《广韵》得其大略，戴震本之作《声类表》。

十月十五日

续写《尔雅学》，写段撰《周礼汉读考》毕。

十月十六日

始写王念孙撰《广雅疏证》。

郭成康组长来扬，了解《朴学志》进程，与项目组座谈，要求按“合同修正本”规定时间，交第一批《志》稿。

十一月二日

戴逸主任一锤定音。戴逸主任审阅了《清史·朴学志·概述》，寄信典志组郭成康组长，作出评语。原文云：“《概述》内容精深，条理清晰；文字为语体，简古通畅。”“其阐明朴学之意义、内涵、成绩兼及其弱点局限，有述有议，不足万字，而甚得要领。”（此信后辑入《涓水集》第311页。）此信为《朴学志》的思想内容、文字风格，一锤定音。

十一月三日

为老妻目疾，需至宛平盲人出版社购放大器，随大儿力群赴北京。郭成康组长驱车在机场接。在车上，与戴逸学兄通电话。郭君传示戴公对《朴学志》送审稿的评语复印件。

十一月四日

典志组招饭“无名居”，与戴逸学兄夫妇共晚餐。向戴公请教写《朴学志》诸事。难得此会也。

十一月三十日

写《尔雅学》关于《经传释词》毕，交打印。举例证明王氏考证暗合“实验主义”。

十二月九日

写《尔雅学》关于《尔雅义疏》毕。读郝懿行《晒书堂集》。《续修四库全书》据光绪十年东路厅署刻本影印。文集凡十二卷。

录其嘉庆十四年六月六日写给阮元的信，自言撰《尔雅义疏》的理论与方法。

《再奉云台先生论尔雅书》：

“懿行比来修整《尔雅》。窃谓诂训以声为主，以义为辅。古之作者《释名》以声代声，声近而义同，故《释名》一部，为《尔雅》二三部也。《广雅》以义阐义，义博而文赅，故《广雅》一部，为《尔雅》二三部也。今之所述，盖主《释名》之声而推《广雅》之义。一声通转至十余声，是得《尔雅》十余部也。一义旁推至四五义，是得《尔雅》四五部也。以此证发，触类而通，不似旧人《疏》、《义》，但抄撮古书，以为通经守定死本子不能动转。”“又适购得《经籍纂诂》一书，绝无检书之劳，而有引书之乐。”“即今《释诂》一篇，经营未毕，其中佳处已复不少。亟欲缮写一通，先呈诲正，而语多不了。容俟八九月入都时，邸中晋谒，庶几复修请业执经之故事。”

再录其十一月十三日《又与王伯申学使书》：

“某近为《尔雅义疏》，《释诂》一篇尚未了毕。窃谓训诂之学，以声音文字为本，转注假借各有部居，疏通证明，存乎了悟。前人《疏》、《义》但取博引经典，以为籍征，不知已落第二义矣。鄙意欲就古音古义中博其旨趣，要其会归，大抵不外同、近、通、转四科以相统系。先从许叔重书得其本字，而后知其孰为假借，触类旁通，不避繁碎，仍自条理分明，不相杂厕。其中亦多佳处，为前人所未发。如兄淡雅之才，倘谓斯言为是否耶？”

检王念孙《尔雅义疏刊误》。

《续修四库全书》据罗振玉刊本影印。凡一百零三条，朱墨分明，确是王氏亲笔。罗氏因为取名《尔雅义疏刊误》。见罗氏题记。志稿举例三条，以见王氏的学术修养深厚。兹录其第三条《义疏》：“《乐记》云：‘天地䜣合’。郑注：‘䜣，读为熹。’非。”念孙指出：“文韵与之韵互相转，‘䜣’之读为‘熹’，亦犹曹公子欣时，《公羊》作喜时也。《韩诗外传》：‘景公嘻然而笑，即欣然而笑。’此古音古义不可驳。”

龙威按，清儒考古音始于顾炎武。他分古声类为十部，举平以该上去入。但四声之中，入声最短故最少。以故在隋唐韵书中，有的声类有入，有的声类无入。顾氏谓古四声不同于今四声，今音无入者，古音往往有入；今音有入者，古音往往反是。江永创为“异平同入”之说，始启通转之端。段玉裁继之，谓古有合韵，入声相同是枢纽。戴震作《声类表》，列二平共一入为若干组合。其第二类为“蒸、之、职”类。孔广森分古音为十八部，阴声阳声各九部。他创“阴阳相配，可以对转”论。其中阴声“之”部与阳声“蒸”部对转。王念孙治古音初得二十一部，以有、无入声分为两大类。不言通转如顾氏。从此条对《尔雅义疏》的刊误言“文韵与之韵互相转”看，王氏晚岁也取孔氏“蒸、之对转”说矣。

十二月十一日

促项目组同仁交稿。续写《尔雅学》，叙《古书疑义举例》。

十二月卅日

致函典志组，请准于春节后，上交第一批志稿八万字。续写《尔雅学》。与戴逸学兄信，预计新春写《朴学志》计划。一抓进度，一抓质量。

二〇〇六年

元月二日

与文和商改《校勘》稿。自今日始，每日上午商改一段。

一月五日

改《朴学志·校勘》毕。

一月八日

为汉云核《墨子考》。核其引文是否无误。

一月九日

为汉云核《淮南子考》。

一月十一日

为续写《尔雅学》，读《马氏文通》。

一月十七日

为准备写《说文学》，始温读段玉裁《说文解字注》。

一月二十一日

朱家生同志来，催其交稿。

一月二十四日

交代连生向典志组上交第一批《朴学志》初稿。一、概述（9000字）；二、《小学篇》之第一章《尔雅学》（缺最后一节待补，合计21000字）；三、《考史与释地》之上篇《考史》（16000字）；四、《诸子篇》之《墨子考》、《淮南子考》（合计25000字）；五、《校勘与辑佚》之上篇《校勘》（22000字）；六、《天算篇》之下篇《算学》（11000字）。

一月二十五日

典志组电话，收到第一批《志稿》。附交资料长编。

二月十二日

写完《尔雅学》，补叙《马氏文通》一节。

二月二十五日

始识牛润珍教授。郭成康组长偕牛润珍教授来，此后"朴学"、"西学"、"思潮"三志改归牛君联系。亦读书忠厚人也。

三月五日

与文和商议今年写稿计划，首先写完《校勘与辑佚》篇。（以后分为两篇）

三月二十日

读王筠《说文释例》毕。

三月三十一日

始阅朱骏声《说文解字通训定声》。骏声为钱大昕晚年弟子，学有本源。子孔彰，为曾国藩幕僚，能传父学。

四月一日

将典志组对上交《朴学志》第一批初稿的专家审阅意见反馈件，复印分发给项目组同仁及朱家生同志，布置修改。

四月十二日

牛润珍君来扬，促修改进度。

四月十九日

委托汉云到京参加典志组会议。

四月二十四日

汉云归扬，传达会议精神。

五月二日

始撰《小学篇》的第二章《说文学》。

五月三十日

上交典志组《朴学志》第一批成品的修订本。

六月四日

续写《说文学》。

六月二十三日

写《说文学》，续有进展。

七月二日

寄信与郭成康组长，沟通意见。

七月十四日

郭成康组长来扬州，与项目组座谈，重申既定的《朴学志》的特点："以考据为中心"，不变。

七月十五日

成康同志返北京。此后专由牛润珍教授负责联系。

八月三日

写《说文学》，关于《段注》毕。

八月十五日

续写《说文学》，叙《说文解字义证》毕。

八月十八日

阅桂馥《晚学集》。中华书局《丛书集成初编》本。书名之由来，见卷六《上阮学使书》:“馥之学无一就也。老而悔之，故以‘晚学’名集。”

录其卷六《与龚礼部丽正书》，内含书林故事：

“今将远别，有望于足下者三事，幸留意。当四库馆初开，真定梁氏献《孟子赵注章旨》及宋椠《说文解字》。官府以《孟子》、《说文》非遗书，不为上。有识者抄其《章旨》，流布世间，《说文》则仍归梁氏。馥所见《说文》，不过元明间刻本，若就梁本证毛刻之误，讲小学者所大愿也。《永乐大典》引《玉篇》，分原本、重修本。馥按，原本即孙强本。尝恨宋阑入之字不加别白，后人无从持择。幸孙本犹在，而《大典》存翰林院，尚可依韵录出，此又小学家所深望也。白云观内有《道藏》全本，就观中翻披，于儒书多所推证，不可谓非钩沉探微之助也。”“足下官事余闲，愿一涉之。如不能，则劝同志。”

八月二十一日

牛润珍同志为参加史学理论会，来扬州，见访，畅谈《朴学志》撰写工作。会晤项目组诸同仁。

九月一日

续写《说文学》，叙桂氏《义证》毕。

阅桂馥手抄王念孙《说文解字校勘记》一卷《续修四库全书》据种松书屋抄本影印。

“此是王怀祖所校《说文》，只抄得此数叶，惜未录其全本。甲辰十二月，分条录入《说文》毕。”（据许瀚跋，此是桂馥手书。甲辰为乾隆四十九年。）

许氏跋云：“右桂未谷先生所录王怀祖先生校《说文》一百十九条，虽非全璧，实为至宝，写清本存之。准此例推，全书当千有余条。（此记抄本始一部迄辵部。）道光二十八年九月，许瀚识。”

据丁福保《说文解字诂林》前编下，《说文杂翰》所录朱士端《石臞先生注（说文）轶语》云：“王宽夫先生言其家大人石臞先生曾注《说文》，因段氏书成，未卒业，并以稿付之。”士端之叔录得若干条，其中有“元”，王云：“当从一，兀声。”王敬之，字宽夫，念孙次子。

龙威按，段、桂两家注释《说文》一部“元”字，都从念孙之言，据《九经字样》校改“从一、兀”或“从一，从兀”为“从一，兀声”。

但段氏未明言本之念孙《校勘记》，而桂氏则明言：“高邮王君念孙曰”云云。

十月一日

始读王筠《说文解字句读》。

十月二日

核校文和修改过的《校勘与辑佚》上篇《校勘》。

十月五日

交代连生准备将《朴学志》第一批上交的修订本寄典志组。写信与牛润珍君。

十月二十九日

牛君复信：第一批《朴学志》稿已在典志组会议上，获基本通过。

十一月七日

续写《说文学》，始叙王筠《说文解字释例》。此人研治《说文》，不重视“以字考经，以经考字”，太炎先生谓非“小学”，而是“说文学”。但其书重视文字代表客观事物，有科学性。

十一月十八日

写王筠《说文》学毕。

十一月二十五日

始阅段、王古韵分部之书，为叙朱骏声《说文解字通训定声》做准备。

十一月二十七日

文和交《辑佚》稿。

十一月三十日

续写《说文学》，叙朱骏声撰《说文解字通训定声》。按，以声为纲，重组《说文》，列九千余字谐声表，此议亦倡自戴东原，见其《与段若膺论韵书》。骏声综合戴、段、王等对古韵分部之学，列古音为十八部。

连生交新稿，续《考史与释地》上篇《考史》的关于崔述著《考信录》。

十二月四日

文和续交《辑佚》新稿。

十二月七日

将典志组传来戴逸主任最近对部分项目送审稿的批示，复印转给项目组诸君阅读，吸取教益。

十二月八日

续写《说文学》，叙《说文解字通训定声》毕。

十二月十八日

向典志组报告近日本项目组同仁撰稿情况，申请延期上交第二批志稿，不超出一个月。

十二月二十五日

写《小学篇》第二章《说文学》毕工。交打印。

二〇〇七年

元月一日

与文和商改《辑佚》新稿。

一月二日

为汉云核《诸子篇》之《荀子考》。

一月三日

向项目组同仁书面催稿。

一月十四日

连生交完《考史》。

一月十五日

文和交完《辑佚》。

一月十九日

汉云交全《诸子篇》，凡《荀》、《庄》、《韩非》、《墨》、《淮南》五考，余列目。

一月二十六日

朱家生君交《天算》上的“古历研究”。

一月二十九日

向典志组上交以下志稿（第二批）：一、《史地》上《考史》的第二章。二、《诸子》之《荀》、《庄》、《韩非》三考。三、《小学》之第二章《说文学》。四、《校勘与辑佚》之下篇《辑佚》。凡十一万字有奇。

一月三十日

连生向牛润珍君发上述诸稿的电子版。

一月三十一日

快件寄以上诸稿之文本及资料长编文本与典志组。

二月十八日

丁亥春节始读顾炎武《音论》。

二月二十六日

整个春节期间读顾炎武《立论》。此老发展宋、元、明人反对“古叶音”的观点，谓“古叶音”即“古本音”。他创造了开启一代古音学的理论和方法。《音论》辑录明人论转注、假借。读后始知之后戴震、朱骏声等的六书理论实导源于此。

三月一日

典志组拟在扬州再次开“朴学”、“西学’、“思潮”三志座谈会。与成康组长通电话。

三月二日

始读戴震《声韵考》。

三月十四日

收到典志组特快件，座谈会通知。

三月十六日

致函国家清史编纂委员会，欢迎戴逸兄嫂来扬州。同时邀请了来新夏、汤志钧、陈祖武等专家。项目组预订宾馆、餐厅等。

三月二十三日

夜，北京电话，陈祖武同志因病告假不能到会。

三月二十六日

牛润珍同志电话，来老新夏感冒，也不能到会。郭成康同志遂决定推迟会期。当即通知宾馆酒家，取消原定计划。

四月二日

细读戴震《声韵考》。他研究发明隋唐韵书的遗法，为宋元等韵学之所本。

四月二十一日

夜，读完江永《古韵标准·例言》。《古韵标准》，江永编，戴震参定。中华书局据《贷园丛书》本影印。

“唐人叶韵之‘叶’字亦本无病，病在不言叶音是本音，使后人疑《诗》中又自有叶音耳。叶韵，六朝人谓之协句。颜师古注《汉书》，谓之合韵。叶即协也合也。犹俗语言押韵。故‘叶’字本无病。自陈氏有古无叶音之说，顾氏从之。”（王鸣盛《诗经叶韵参补序》之所本。）

四月二十四日

始检谢启昆《小学考》。

四月二十五日

搜辑清初与顾炎武《音学五书》立异诸家柴绍炳、毛先舒、毛奇龄等的韵学观点。

柴绍炳著《古韵通》八卷。其书大旨即《广韵》二百零六部，分立三法，以求古韵之通。一曰全通，东、冬、江之类是也。二曰半通，元入寒、删、先，魂、痕入真、文之类是也。三曰旁通，则俗所谓叶韵也。分平、上、去为十一部，分入声为七部。

毛先舒著《韵学通指》一卷、《韵问》一卷、《声韵丛说》一卷、《韵白》一卷。其说略同柴绍炳《古韵通》。

毛奇龄著《古今通韵》十二卷，创为五部三声两界两合之说，坚持古有叶音。

四月二十六日

辑录清初邵长衡《古今韵略》株守朱熹《诗集传》叶音的观点。

五月一日

始写《小学篇》第三章《声韵学》。

五月十日

写完《声韵学》第一段“考证音韵源流”。

五月十一日

对《声韵学》第一段加注，《小学考》所引《四库提要》关于毛奇龄《古今通韵》一则，坊本《提要》不见。

五月十七日

读孔广森《诗声类》。《续四库全书》所据乾隆五十七年刻本影印。

五月二十四日

写《声韵学》第二段“古音之学以渐加详”二百余字，说明顾炎武制《古音表》的理论与方法。

五月二十七日

始读江永《四声切韵表》。

六月十二日

叙段玉裁著《六书音均表》。

六月二十三日

读戴震《答段若膺论韵书》。

六月二十四日

读段玉裁补作的《声类表序》。嘉庆十四年作。

七月二日

续写《声韵学》，关于戴震初分古韵为七类二十部，后改为九类二十五部。

七月三日

续写《声韵学》，叙孔广森分古音为十八部，阴、阳声各九部，创“阴阳对转”论。其论《切韵》，“通乎今不碍乎古”，甚精。

七月七日

叙王念孙分古音为二十一部。

七月九日

叙江有诰分古音也得二十一部。他与王念孙的分部有异，其四声相配也不同。叙王念孙从江有诰之劝，取孔广森之说，分东、冬为二部，改定得古音二十二部。

七月十六日

阅《广韵》。

七月二十八日

核校《声韵学》稿，已写成两段：“考证音韵源流”，“古音之学以渐加详”，约一万五千字矣。续阅《广韵》。

八月二十四日在香港

始阅魏建功《古音系研究》。魏老系九三学社老中央常委之一，教授北京大学。1957年，曾向其求教，承留饭，并以朝鲜汉学家所著韵书见示。

九月四日

写《声韵学》第三段“钱大昕创始发明古声纽”。

九月三十日在扬州

叙钱大昕发明的古唇舌二音无“类隔”之说毕。

十月十二日

始阅陈澧《切韵考》。

十月十三日

交代连生以《朴学志》第二批送审稿的修正本，寄《典志组》。

十月二十一日

续阅《切韵考》。文和、连生抵武汉，参加“朴学”、“西学’、“思潮”三志座谈会。

十月二十五日

文和、连生返自武汉，传达会议精神。抓进度，抓质量，仍是主要两条。连生有记录，复印与汉云阅看。

十月二十七日

牛润珍同志来扬，督促工作。检王国维《观堂集林》有关隋唐韵书诸作。

十月二十八日

阅周祖谟前辈《广韵校本》。

十一月一日

始写《声韵学》最后一节，“陈澧撰《切韵考》”，考证《广韵》音系。每日三至五百字。

十一月十九日

写《声韵学》章成，加注。三年成《小学篇》，按计划毕工。学术浅陋，勉强完篇。

十一月二十日

《声韵学》交打印。

十二月七日

反复校改《声韵学》。

十二月八日

报请典志组准许延期一个月，上交第三批志稿。

十二月十七日

文和来交《目录》篇稿。资料翔实。

二〇〇八年

一月六日

连生交《释地》稿一、二两章。

一月十五日

始阅刘宝楠、恭冕父子的《论语正义》。

一月三十日

交代连生将《朴学志》第三批稿的文本、电子本，长编的文本，寄呈典志组。内开：一、《经解》篇第一，《周易》章。二、《史地》下《释地》一、二两章。三、《小学》的第三章，《声韵学》。四、《目录》全篇。五、《天算》全篇。《经解》篇的引言暂缺，申请容后补撰。

二月七日农历戊子春节

始检陆德明《经典释文》。读吴承仕《经典释文叙录疏证》。

二月十六日

始检朱彝尊《经义考》。

二月二十二日

项目组集会，部署上半年写作计划：

一、《经解》篇完成《三礼》章、《论语》章；田汉云写《三礼》章，祁龙威写《论语》章；二、《史地》篇补全，张连生负责；三《金石》全篇，陈文和负责。务必于八月底前交稿。

二月二十三日

阅皇侃《论语义疏》。

二月二十五日

读刘台拱《论语骈枝》。

二月二十六日

阅钱坫《论语后录》。《续修四库全书》据嘉庆七年拥万堂刻钱氏四种本影印。凡五卷。

二月二十九日

始读焦循《论语通释》。《续修四库全书》据光绪李盛铎《木犀轩丛书》本影印。一卷。

三月一日

阅宋翔凤《论语说义》。十卷《续修四库全书》据《皇清经解续编》本影印。（光绪十四年南菁书院所刻）刘宝楠《论语正义》引称《朴学斋札记》。其中释“文莫”为强勉，与刘台拱《骈枝》同。

三月二日

始阅黄式三《论语后案》。《续修四库全书》据道光二十四年活字板影印。凡十卷。式三不分汉宋门户，但问所言是非。

三月七日

阅戴望《注论语》。《续修四库全书》据同治十年刻本影印。有王欣夫前辈题跋，盖其旧物。原件现藏复旦大学图书馆。

三月十五日

阅台湾私立逢甲大学硕士生张清泉所作学位论文《清代论语学》。李威熊教授指导。1992年6月打印本。

三月二十三日

核刘逢禄《论语述何》。《皇清经解》本，二卷。书后有嘉庆十七年刘氏自叙。

刘氏因见虞世南《北堂书钞》卷九十六引何休《论语注》一条：“君子儒将以明道，小人儒则矜其名”，遂谓何休有《论语注》，但久已亡佚，故追述其义，参以董仲舒之说“拾遗补缺，冀以存其大凡”。实际刘氏借以发挥公羊学：张三世，通三统等观点补释《论语》。至于《书钞》所引何休《论语注》，则见何晏《集解·雍也》篇。“何休注”乃何晏《集解》之讹。刘宝楠《论语正义》驳正之。

五月八日

偶检《书品》(1989年第1期)，得读周祖谟教授所写《唐五代韵书的汇集和考释》一文，考据精审，受教匪浅。当即据以核订《朴学志·小学篇·声韵学》稿。

六月十三日

与文和商改《金石》篇引言。

六月十七日

典志组通报催交稿，申请延期一月。

六月十八日

始写《经解篇·论语章》。

六月十九日

项目组会议，部署七月底交《朴学志》第四批稿。

六月二十日

打印《论语》章第一节“清以前的论语学”。

六月二十二日

续写《论语》章，叙乾隆时惠栋等辑《论语》古注。

六月二十三日

续写《论语》章第二节，叙江永撰《乡党图考》。惠氏复古，江氏考古，为隆汉贬宋的新一代《论语》学奠基。

六月二十五日

叙刘台拱撰《论语骈枝》。

六月二十七日

叙焦循撰《论语补疏》。

七月一日

打印《论语》章第二节，“清初及乾嘉隆汉贬宋的《论语》学”。

七月二日

始写《论语》章第三节，“晚清汉宋融合产生《论语新疏》”。

七月四日

叙黄式三撰《论语后案》，酝酿新疏。

七月七日

始叙刘宝楠撰《论语正义》。

七月十二日

叙刘恭冕继父志，续成《论语正义》。

七月十八日

叙《明明子论语集解义疏》，潘维城《论语古注集笺》。

七月十九日

写《论语》章结束语。

七月二十六日

经反复校改后，《论语》章交印。

七月二十七日

将《论语》章稿打印本分交项目组同仁阅看。

七月三十一日

项目组集稿，感谢诸君冒高温完成任务。

八月一日

查点应缴《朴学志》第四批诸稿：一、《经解》篇《三礼》章之《仪礼》与《论语》章；二、《史地》篇补完；三、《金石》全篇。

八月二日

连生向典志组发上述志稿之电子本。

八月三日

连生向典志组寄上述志稿文本及相应长编的文本。

八月十四日

向典志组写信，报告今后一年，补完《经解》篇各章及修改各篇分工计划：撰写《经解篇·引言》祁龙威拟纲要，田汉云执笔；《经解》篇《三礼》章之《周礼》、《礼记》二节及《春秋三传》章，田汉云撰写完成；《经解》篇之《尚书》章，陈文和撰写；《经解》篇之《毛诗》章，祁龙威撰写；《经解》篇之《孟子》章，张连生撰写。

九月十二日

典志组电话通知，“朴学’、“西学”、“思潮”三志将在上海开座谈会，要求做好准备。

九月二十五日

收到典志组所发上海会议通知。

九月三十日

项目组集会，商议当前工作。

十月五日

以《经解篇·引言》寄典志组，请核阅后转呈戴逸主任审定。因此文重要也。

十月六日

始阅洪湛侯《诗经学史》。

十月二十八日

牛润珍教授电话传达戴逸主任于本月二十四日对田汉云同志执笔的《朴学志·经解篇》引言写的评语有云：“写得简明有序，内涵精深，条理清晰，有理有据，是对清代说经成果导读之佳作。”

十月三十日

牛君到扬州，将戴逸主任评《经解篇》引言的复印本交项目组传阅。

十月三十一日

牛君向项目组传达专家评审《朴学志》第三批送审稿的意见。有的需小修饰，有的需大压缩，也有的要大改。(《天算》拟改为《算学篇》)。

十一月九日

汉云交来《经解篇·周易章》的修订本。

十一月十五日

收到典志组召开的《清史》三志上海会议的文件。

十一月十九日

偕汉云、文和、连生到沪开会，到青浦“东方绿舟”报到。当日晤熊月之教授，喜会老友汤志钧夫妇。

十一月二十日

《清史》三志上海座谈会。上午，开会，听清史办石雅娟主任、郭成康组长等讲话。午后，座谈对《西学志》的意见。

十一月二十一日

上午，座谈对《朴学志》的意见。下午，座谈对《思潮志》的意见。

十一月二十二日

与会同仁访朱家角。与志钧兄及郭、牛二君商议修改《思潮志·实证篇》的方案，拟供周积明教授参考。

十一月二十三日

散会返扬州。

十一月二十六日

遵郭成康兄嘱咐，汉云归纳座谈会对《朴学志》的建议，以《小学篇》为样本，修改各篇章。交连生以电子本寄典志组，备汇总。

十一月二十七日

阅《经义考》。

吴氏《毛诗叶韵补音》。徐蒇序曰："自《补音》之书成，然后《三百篇》始得为诗，从而考古铭箴诵歌谣谚之类，莫不字顺音叶。而腐儒之言曰：'《补音》之作所据，多出于《诗》后，殆后人因《诗》以为韵，不当以是韵《诗》也'。殆不知音韵之正，本诸字之谐声，有不可易者。如'霾'为亡皆切，而当为陵之切者，由其以'狸'为声。'浼'为每罪切，而当为美辨切者，由其以'免'得声。'有'为云九切，而贿、痏、洧、鲔，皆以'有'得声，则当为羽轨切矣。'皮'为蒲縻切，而波、坡、颇、跛皆以'皮'得声，则当为蒲禾切矣。又如'服'之为房六切，其见于《诗》者凡十有六，皆当为蒲北切，而无与房六叶者。'友'之为云九切，其见于诗者凡十有一，皆当作羽轨切，而无与云九叶者。以是类推之，虽毋以他书为证可也。"（《经义考》卷一百五《诗》八）

十二月十五日

典志组电话通知，第三批上交的志稿，除《天算》外，已报项目中心。

十二月十九日

始读马瑞辰《毛诗传笺通释》。中华书局1992年第二次印刷。

自序（录要）："历时十有六年，书成三十二卷""初名《毛诗翼注》，嗣改《传笺通释》。"道光有五年四月既望，桐城马瑞辰识。

例言（录要）："考证之学，首在以经证经，实事求是。顾取证既同。其说遂有出门之合。瑞辰昔治是经，与郝兰皋户部、胡墨庄观察有针芥之役，说多不谋而合，非彼此或有袭取也。""是书先列毛郑说于前，而唐、宋、元、明诸儒及国初以来各经师之说有较胜汉儒者，亦皆采取，以辟门户之见。"

十二月二十六日

以《天算篇》交家生修改，保留后半篇《算学》。

二〇〇九年

一月十二日

始阅陈奂《诗毛氏传疏》。凡三十卷。北京市中国书店 1984 年 6 月出版。

叙（摘录）："奂不揣梼昧，沈研钻极，毕生思虑，会萃于兹。窃以《毛诗》多记古文，倍详前典。或引申，或假借，或互训，或通释，或文生上下而无害，或辞顺逆而不违。要明乎世次得失之迹，而吟咏情性有以合乎诗人之本志。故读《诗》不读序，无本之教也。读《诗》与序而不读传，失守之学也。文简而义赡，语正而道精，洵乎为小学之津梁，群书之钤键也。"

一月十四日

汉云交《经解篇》、《三礼章》之《周礼》新稿。与商进度，《三礼》尚缺《礼记》（附《大戴记》），须抓紧撰写。

二月四日

项目组聚会，商谈新一年的工作。

读陈奂《毛诗音》。凡四卷。咸丰辛亥五月苏州漱芳斋镌。

自序"三代同文而不同音，古韵书久亡。六书谐声，韵书之权舆也。《诗》三百篇，韵书之经纬也。大毛公生周季，去古近，作《故训传》，与'三百篇'甚谐也。由韵以知音，因音以求义。奂之作为《诗疏》也，明其义也。而《诗》音之释，恶可已也。《诗》用古文，故多通借。传义显著者，识之以读字，犹汉人读为之例也。传义隐略者，表之以本义字，犹汉人训诂字代之例也。又有但取其音以正其读，曰：某字，曰音如某字，此犹双声叠韵之纽也。同韵而侈敛焉，音之变也。异韵而轻重焉，音之转也。南北之殊也，古今之变也，一字而数义也，所以有数音也。执古音不兼通今音，不可与言音也。泥今音而反昧古音，不可与言《诗》也。《诗》音之释，恶可已也。撰《毛诗音》，依《诗》四始，分作四卷。陈奂释。”

卷一《国风·周南》：遐棄（《说文》：棄，古文作弃。今唯《左传》作弃，读入声，与肄为韵。《六书音均表》云：第十五部古有入声而无去声。陆法言韵之前，无去不可入。至法言定韵之后，而谨守者不知古四声矣。奂按，段氏以为古有平上入而无去声。孔广森《声韵表》以为有平上去而无入。孔就今人北音无入不去，不可以定古音也。近江有诰《唐韵四声正》以为古有四声。段氏悉依六书谐声绎之，以三百篇细意审情，则古无四声，确不可易）。

邶国：渥赭（郑注《考工记》：渥，读绘人渥菅之渥。《左传》作沤菅。渥为尤幽之入，而与侯部通者，《六书音均表》云：入为平委，平音十七，入音不能具也，故异平而同入）。

郑国：赠之（赠与来合韵，段氏以为之、蒸相通。）龙威按，此是孔广森说的“阴阳互转”之一例，段释为“合韵”。

卷二《小雅·南有嘉鱼》：既调（段云：“本音在第三部，读如稠，《车攻》以韵同字，屈原《离骚》以韵同字，东方朔《七谏》以韵同字，皆读如重，此古合韵也。”“《史记·卫青传》：‘大当户铜离’，徐广曰：‘一作稠离’。”）龙威按，此是钱大昕说的“双声亦韵”之一例，读调如同。段也以“合韵”释之。

又二月四日

阅陈奂《毛诗说》一卷。道光丁未七月武林爱日轩刻。丁未，道光二十七年。

“大毛公《诂训传》，言简理赅，汉儒不遵行，锢蔽久矣。奂殚精极虑，为传作疏。疏中称引广博难明，更举条例立表示图，凡制度文物可以补礼经之残缺，而与东汉诸儒异趣者，揭著数端，学者省览焉。”（录其二则）

假借说：“凡字必有本义。古人字少，义通乎音，有读若某某之例，此东汉人假借法也。毛公尚在六国时，而假借之法即存乎转注。故《汝坟》：条肄，则直云：肄，馀也。东汉人必云：肄，读若蘖矣。《采苹》：湘之，则直云：湘，亨也。东汉人必云：读若鬺矣。”

《葛覃》之害，《绿衣》之曷，皆训何。曷，本字，害，假借字也。段先生曰：害，本不训何，而曰何也，则可以知害为曷之假借也。此一例也。若假干为扞，直云：干，扞也。假輖为朝，直云：輖，朝也。此直指假借之例。《毛传》言假借，不外此二例。

乐悬方位图说。宫悬：“此天子宫悬也。四面皆有编钟编磬，建鼓也。玉磬在西北方。东西二镈鼗鼓在颂磬之西，三者皆特悬之。向说鼗鼓为小鼓，据《有瞽》、《那》传，可证诸说之谬。”

二月十二日

阅陈奂《郑笺征》。

戊午孟春许文一梓。“郑康成习《韩诗》，兼通齐、鲁，最后治《毛诗》。笺《诗》乃在注《礼》之后，以《礼》注《诗》。非墨守一氏，《笺》中有用三家申毛者，有用三家改毛者，例不外此二端。三家久废，姑就所知，得如干条。毛古文，郑用三家从今文。于以知毛与郑固不同术也。陈奂录。”戊午，咸丰八年。

二月十七日

阅戴震《毛郑诗考正》。《续修四库全书》据乾隆四十二年微波榭刻《戴氏遗书》影印。凡四卷。录其说转语一则。

卷二，《宾之初延》首章……五章：“式勿从谓，无俾大怠”“震按，勿有没音，没，勉，语之转。式勿从谓，言用劝勉之意，从而谓之，以无使至甚怠也。刘向引《诗》：‘密勿从事’，今《诗》作‘黾勉从事。’密勿，《尔雅》作蠠没。又郑注《礼记》记云：‘勿勿犹勉勉也。’卢辩注《曾子立事篇》：‘终身守此勿勿’，亦云：‘勿勿犹勉勉。’此皆语之转，当读如没。而经师旧失其音，未通于古。”

龙威按，古无轻唇音，读勿如没。钱大昕说。刘台拱《论语骈枝》释“文莫”一词，从戴氏此条得启发。

二月十九日

阅段玉裁《毛诗故训传小笺题辞》。见《毛诗故训传定本》(《续修四库全书》据嘉庆二十一年段氏七叶衍祥堂刊本影印）。又见《经韵楼集》卷一（上海古籍出版社 2008 年版，5—6 页）。

录要："其称《故训传》何也？古者，传以述义，如左氏、公羊氏、穀梁氏之于《春秋》，子夏之于《丧服》，某氏之于《小正》，皆是也。释故、释训以记古今异言《尔雅》是也。毛公兼其意而于故训特详，故不专曰《传》而曰《故训传》，是小学之大宗也。"

二月二十二日

阅段玉裁《诗经小学》。《续修四库全书》据嘉庆二年武进臧氏拜经堂刻本影印。凡四卷。

录其申戴之作："歌以谇止"："《尔雅》：'谇，告也。'《释文》：'谇，沈音粹，郭音碎。'《说文》：'谇，让也。从言卒声。《国语》曰：谇申音。'《广韵》六至谇下引《诗》：'歌以谇止。'按，谇、讯义别，谇多讹作讯。如《尔雅》：'谇，告也。'《释文》云：'本作讯。《诗》：歌以谇止'，'谇予不顾'《传》：'谇，告也。''莫肯用谇。'《笺》：'谇，告也。'正用《释诂》文。而《释文》误作讯，以音信为正，赖王逸《离骚注》及《广韵》所引可正其误耳。《广韵》引歌以谇止，今本止讹之。《列女传》作'歌以讯止'，讯字虽误，止字尚未误。"（卷第一）录其又一则："执讯连连。""《释文》又作'谇'。按，作'谇'者误。《尔雅》：'讯，言也。'《说文》：'讯，问也。'《无羊》传：'讯，问也。'《出车》传：'讯，辞也。'《采芑》笺：'执其可言问所获敌人之众。'此笺执所生得者而问之。以言、辞、问，训'讯'字，与'谇'字告义别。"（卷第三）

二月二十三日

阅吴骞《诗谱补亡后订》。《续修四库全书》据乾隆五十年拜经楼刻本影印。盖订补戴震之作。

二月二十四日

阅程晋芳《毛郑异同考》。凡十卷《续修四库全书》据清抄本影印。节录《凡例》："是书之作，非特辨毛、郑得失，兼欲学者博观宋以降书。故凡有裨于二家者咸载之。而陈长发《稽古编》，所采尤备。"

二月二十五日

始阅胡承珙《毛诗后笺》。凡三十卷，《续修四库全书》据道光十七年求是堂刻本影印。

道光十七年十月陈奂序（节录）：“先生有言曰：‘诸经传注，唯《毛诗》最古。数千年来，三家皆亡，而毛氏独存。源流既真，义训尤卓。后人不善读之，不能旁引曲证以相发明，而乃自出己意，求胜古人，实则止坐鲁莽之过。’斯言可谓深切而著明也已。毛氏之学，文简而义赡，体略而用周。进取先秦百氏之书而深究之，所以知古训之归。广采近者数十百家之解而明辨之，所以绝后来之惑。先生所谓准之经文，参之传义，必思曲折以求通。其引博，其指约，其事甚大，而其心甚小，说《诗》之家未有偶也。”

录其总结性的训诂两条：

其一，“谇”、“讯”二字混用是互讹还是通用？卷十二，陈风《墓门》：“歌以讯之”：“《释文》：‘讯，又作谇，音信，徐：息悴反。’《广韵》六至引《诗》：‘歌以谇止’。王逸注《离骚》引《诗》：‘谇予不顾。’江氏《古韵标准》、戴氏《诗考正》、钱氏《养新录》、段氏《诗小学》皆据此以‘讯’为‘谇’之误。顾氏《诗本音》则谓古人以‘讯’、‘谇’二字通用，历引……，王氏《经义述闻》继之，谓‘讯’、‘谇’同声，故通，引……。承珙按，谓‘讯’当为‘谇’，始于《诗总闻》据《龙龛手鉴》引《诗》：‘谇止’为证。江氏、戴氏始畅其说。然如《墓门释文》引徐邈息悴反。此在《诗》本有作‘谇’者或即为‘谇’字作音。若《小雅》‘莫肯用讯’无一本作‘谇’，而《释文》亦载‘徐：息悴反。’是徐邈已读‘讯’如‘谇’不始于陆也。古人于‘讯’、‘迅’等字，每书作‘谇’、‘逤’者，似从‘卂’之字，本可读为‘卒’音，未必由草书偏旁相似之误。”

龙威按，关于谇、讯二字经传混用，是互讹还是通用？清儒聚讼纷纭。自戴震坚持互讹之说，邵晋涵《尔雅正义》从之。自钱大昕解释为形似之误，钱坫《尔雅古义》从之。而王念孙《广雅疏证》昌言：谇、讯二字古音同故通用，王引之《经义述闻》直斥戴氏疏考，郝懿行《尔雅义疏》从之。

其二，关于聿、遹训遂、训述问题。卷二十三《大雅·文王有声》：“‘遹骏有声’，笺：‘遹，述。’戴氏《诗考正》曰：“《诗》中聿、曰、遹三字互用，皆承明上文之辞，非空为辞助。《说文》：欥，诠词也。从欠从曰，曰亦声。《诗》：欥求厥宁。然则欥盖本文，省作曰，同声假借用聿与遹。诠词者，承上文所发端而绎之也。”承珙按，高诱注《淮南·诠言训》曰：诠，就也。葢诠词者，谓就其言而解之。字自当作欥，别作聿作遹。而训为述为遂者（《尔雅》：遹，述也。《诗·文王传》：聿，遂也。《魏风·蟋蟀传》：聿，遂也。），字虽假借，其义并通。曰述曰遂，亦就事之词。因其就事，又转为作述之述，则非但虚辞，且有实义。古人文字之孳乳，训诂之引申，类多如此。段氏《说文注》曰：古聿、遹同字，述、遂同字。《尔雅》言述而遂在其中，毛公或言遂，或言述，因文分别。《毛诗》多言聿，独《文王有声》四言遹，而毛无传，毛意遹即聿，聿训遂，故郑笺以述别之。遂者，因事之词，亦专词。《韩诗》及曹大家注《幽通赋》、杜注《左传》皆云：聿，惟也。此专词也。因词专词皆诠词也。”

龙威按，戴震发明《诗》中所用的“聿”为语词，或作“遹，都是“欥”的借字。谓毛、郑释以实义，皆非也。此说启发高邮王氏研究经传古籍虚字，订正旧注释以实义之误，章炳麟谓为“明三古辞气”。段玉裁也从戴说谓“聿”、“遹”都系“欥”的借字，但不言毛、郑释之为“遂”为“述”为非。胡氏曲证戴、段之说相通。

三月一日

与连生商写《经解篇·孟子章》。

三月三日

阅胡承珙《求是堂文集》。凡九卷《续修四库全书》据道光十七年家刻本影印。

胡培翚序（节录）：“道光壬辰秋，予往钟山书院，过其家。君时病疟居内寝。予入视，尚摄衣冠坐，遽谓予曰：吾病将不起，所著《毛诗后笺》未及写毕，所作杂文亦未删定，子其为吾理而付诸梓。”“后月余，果不起。”“明年，予至其家求遗书而遗文已经朱君兰坡略为编次。”“君之为御史给事中也。数言事，多奉旨允行。今其奏稿存于家者仅有数篇，皆已明见施行者。乃依兰坡先生所编，谨录为一卷，冠于《文集》之首。其散文析为六卷，而骈体文二卷附焉。（道光壬辰，道光十二年）

卷二，《寄姚姬传先生书》（论治经方法）：“窃谓说经之法，义理非训诂则不明，训诂非义理则不当，故义理必求其是，而训诂则宜求其古。义理之是者无古今一也。如其不安，则虽古训犹宜择焉。”

卷三，《答陈硕甫书》（论读《毛传》之法）：“窃谓毛公详于故训，而其故训为《尔雅》诸书所无者，在于好学深思，心知其意，或于变声求之，或于叠韵求之，或于假借、转注求之，旁见侧出，必非一概，而大约假借为最多。”

《复陈硕甫书》（谢赠《诗经小学》足本致谢）：“承惠《毛诗小学》，谢谢。旧所见臧在东刻本，删节十之三四，本非完书，此刻实胜臧本。”

《与魏默深书》（偶舍《传》从《笺》举例）：“承珙于《诗》，墨守《毛传》，惟揆之经文实有难通者，乃舍而求他证。如‘弗躬弗亲，庶民弗信’，《传》谓‘庶民之言不可信’。而《左传》、《淮南》、《说苑》引此诗皆谓民不信上，此《笺》说之所本，而于经文尤顺，故宜舍《传》从《笺》。然似此者才十之二三而已。”

卷四，《四书管窥序》（论治经训诂与义理不可偏废）：“治经之法，义理非训诂则不明，训诂非义理则不当，二者相资而不可偏废。自有谓汉学详于训诂，宋学晰于义理者，遂若判为两途，于是讲训诂者拘于墟，谈义理者奋其臆，沿流而失源，骛末而忘本，党同伐异，入主出奴，护前争胜之习兴，几至以门户祸经术，而横流不知其纪极。吾则谓治经无训诂义理之分，惟求其是者而已。汉儒之是之多者，郑君康成其最也。宋儒之是之多者，新安朱子其最也。《大学》、《论语》、《孟子》、《中庸》之称为《四书》，自宋淳熙始。朱子之《章句》、《集注》，积平生之力为之。其用功深，取裁者广，故其是者较诸儒为多，亦较其所著他书为多……”

三月十四日

始写志稿《经解篇》之《毛诗章》。

三月十五日

写“清以前的《诗经》学”。

三月二十九日

典志组转来专家对第四批志稿的审阅意见，语多尖锐。即与牛润珍君通电话，表示欢迎，盖对修改工作有益也。

四月一日

改“清以前的《诗经》学”，核实材料。

四月二日

检欧阳修《诗本义》，《四库全书》本。核改志稿。

四月四日

始读陈启源《毛诗稽古编》。《四库全书》本，凡三十卷。

序例（节录）：“先儒释经，惟求合古；后儒释经，多取更新。汉《诗》有鲁故、韩故，后苍氏孙氏故，毛故训传。《书》有大小夏侯解故。故者，古也。合乎古，所以合于经也。后儒厌古喜新，作聪明以乱之，弃雅训而登俗诠，缘叔世以证先古，为说弥巧，与经益离。源也惑之。窃不自揆，欲参伍众说，寻流溯源，推求古经本指，以挽其弊。而诸经注疏惟《毛诗序》最古，拟首从事焉。适长孺朱子以所著《毛诗通义》见示，共商榷其疑，因锐意探讨，加以辨证，得一义辄札记之，得如干条，汇辑成帙，名之曰《毛诗稽古编》云尔。”

卷七，《陈风·墓门》：“‘歌以讯之’，《释文》云：‘讯，又作谇，音信，徐息悴切。’按，徐音与上萃协，良是。陈第《毛诗古音考》引王逸《离骚注》引《诗》：‘谇予不顾’及《雨无正》诗瘁、讯协韵证之，益信而有征矣。”龙威按，其后高邮王氏父子大畅其说。

卷十七，《大雅·文王》：聿、遹皆训述，毛义也。亦《雅》义也。见《释言》。德即尔祖之德，故云述而修之，句义自相接成矣。今以为发语词，未知何本？

龙威按，聿、遹与欥同音，借作欥字用，为发语词。聿、遹又与述同音，借作述字用，即有实义。

四月七日

读朱鹤龄《诗经通义》。《四库全书》本。凡十二卷。

凡例（节录）：“通义者，通古诗序之义也。盖序乃一诗纲领，必先申序意，然后可论毛郑诸家之得失。后序多汉儒附益者，今取欧、苏、吕、严诸说为之辨正，错简讹字，亦详订焉。制举之家专宗《朱传》，故《诗序》久置不讲，并宋元诸儒之说皆无由而见。予采其合于序说者备录之。盖表章古义不得不与俗学牴牾尔。”

四月八日

始写《毛诗章》第二节“清初《诗经》学的复古倾向”。复《诗序》，复《毛传》、《郑笺》。

四月十七日

始写《毛诗章》第三节“乾嘉时惠戴学者研究毛郑训诂”。

四月十九日

续写《毛诗章》第三节，叙戴震撰《毛郑诗考正》，突出研究语词、研究转语。皆对后学有启发者也。

四月二十八日

病后续写前作，重理思路。

五月二日

续写《毛诗章》第三节，叙段玉裁撰《诗经小学》。

五月四日

续写前作，叙王引之《诗述闻》。

五月八日

始写《毛诗章》第四节“晚清毛诗训诂三巨书”。

五月九日

叙胡承珙撰《毛诗后笺》。

五月十三日

叙马瑞辰撰《毛诗传笺通释》。

五月二十日

续写前作，叙陈奂撰《诗毛氏传疏》。

五月二十八日

写《经解篇·毛诗章》毕。

五月三十一日

阅文和所撰《经解篇·尚书章》。

六月三日

与连生商改《经解篇·孟子章》。

六月九日

辑清儒考“三家诗”书目附《毛诗章》末。六月十八日与项目组同仁商交稿事，因五年合同至本月期满也。

六月二十一日

汉云来交《经解篇·三礼章》之《周礼》一节、《礼记》一节（附《大戴记》）。

六月三十日

连生经手，向典志组上缴第五批志稿：一、《经解篇》之《尚书章》、《毛诗章》、《孟子章》、《周礼》、《礼记》（附《大戴记》）两节；二、各章节长编。

七月三十日

修改《经解篇·论语章》。吸取专家意见。

八月二十二日

汉云补交《经解篇》之《春秋三传章》稿。

八月二十三日

为汉云核稿。

八月三十一日

向典志组上缴志稿《经解》全篇。至此已按合同交完《清史·朴学志》初稿。

十月六日

致书戴逸主任，请示对《朴学志》的审改事宜。拟于十一月在扬州开审改会，约请京沪专家汤志钧研究员等到会指教，以便研究压缩篇幅、统一文风等事。

十月十三日

接牛润珍君电话，商下月在扬州开会事宜。

十月十七日

郭成康、牛润珍二君自上海来。共商开审改会事。

十月十八日

与项目组同仁起草会议文件。

十月十九日

草拟会议发言。

十月二十五日

修改《毛诗章》。

十月二十六日

与连生商改《释地》稿。

十月二十八日

连生为磨勘《毛诗章》，改正一处引文之误。又磨勘《声韵学章》，改正一处注文之讹。

十一月十三日

连生经手寄会议文件与汤志钧、陈祖武两专家。特快件上报典志组。

十一月十五日

接陈祖武君电话，因故不能来，改书面发言。

十一月十九日

牛润珍教授从北京来。汤志钧兄夫妇从上海来。

十一月二十日

《朴学志》统稿会议。典志组郭成康组长从北京来。《清史·朴学志》统稿会议在扬州宾馆启幕。郭成康组长传达戴逸主任在香山会议上关于审改工作的讲话。牛润珍教授做了补充。

旋由《朴学志》项目组负责人祁龙威对《朴学志》初稿作了自我评估，向会议汇报存在问题：一、稿出四人之手，体例、内容、文字风格都不统一。二、材料未经核实。三、篇幅庞大，远远超出三十五万字的规定数。

为此，申请典志组给予一定时间，以便项目组进行一次修改。修改的方案是：

（一）统一。

1. 依照编委会和典志组制定的细则统一体例。2. 参考《小学篇》的行文风格，以简古通畅的语体文统一各篇文风。3. 删除各篇之间的相互重复或牴牾。

（二）核实。

1. 磨勘所述内容是否言必有据？ 2. 查核所引证据是否确凿？

（三）精简。

1. 简化各篇所述历史渊源，略古详清。2. 简化一般内容，突出重点，以点带面。3. 简化引文，或删除重叠，或改长为短，去芜存菁。

以上方案，是否有当？提请会议审定。

午后，项目组成员田汉云向会议提出《仪礼》节的修改样稿，请求审议。对此，汤志钧研究员发表了改进意见。

十一月二十一日

上午，继续开会。郭成康组长作总结：同意项目组提出的对初稿的评估与修改方案，限期两个月落实。散会。郭、牛二君夜车返北京。

十一月二十二日

委托文和驱车送汤氏夫妇二老返上海。

十一月二十三日

与连生处理会后诸事，结算各项用费。

十一月二十六日

连日磨勘《金石篇》，对照顾炎武等清儒原著。

十一月二十九日

与连生商补《经解篇·孟子章》。

十二月二日

与文和商改《金石篇》。

十二月三日

磨勘《尚书章》。

十二月四日

与文和商改《经解篇·尚书章》。

十二月十六日

收到戴逸学兄近著《涓水集》，内容皆关于修纂清史诸事，有惠函两通，对《朴学志》的批示两件。

十二月十七日

老妻突发胆绞痛，术除胆结石，住院五十三天。本人修史工作暂中止。

十二月二十三日

收到戴逸主任信，已披阅《朴学志》初稿。

二〇一〇年

三月十七日

写撰《清史・朴学志》的经过。

三月二十一日

磨勘汉云所撰《经解篇・春秋三传章》诸稿。

三月二十四日

与连生整理全志（送审稿）:《概述》;《经解篇》(凡七章:《周易》、《尚书》、《毛诗》、《三礼》、《春秋三传》、《论语》、《孟子》);《史地篇》(上篇《考史》、下篇《释地》);《诸子篇》(凡五章:《荀子》、《庄子》、《韩非子》、《墨子》、《淮南子》);《小学篇》(凡三章:《尔雅学》、《说文学》、《声韵学》);《金石篇》;《目录学篇》;《校勘篇》;《辑佚篇》。

交代连生将全稿付印，一式四份，分交项目组同仁核阅后寄交典志组转送审改组。

（两个月后，遵照典志组转来审改组专家意见，项目组分头对志稿又进行了修饰，再上缴集中反复磨勘，听候后命。）

老驽负重，力竭汗喘，勉强完卷。经验仅有两条：一曰虚心。自知学术浅陋，唯有边学边写。二曰刻苦。做到夜以继日，不畏寒暑。由于严格贯彻编委会的指导思想，严格遵守“合同”，严格尊重项目组同仁的成绩与意见，故能同心同德，共庆成书。留此日课，以免遗忘。

二〇一〇年九月，祁龙威补记

时年八十九岁

《章太炎大传》序

1936年，我正在常熟孝友初中肄业，每日上学，走过《常熟日报》社，必稍停留，观看墙头的当日报纸。有两件大事深记不忘：一为“西安事变”；一为国学大事章太炎在苏州溘逝。但其时尚不了解章氏学术。1937年，我初中毕业，考上苏州东吴大学附中的高中部。考试那天正发生“卢沟桥事变”。已而，日寇大举侵华，江南沦陷，东吴停学，我在乡间流离避兵。1938年，东吴大学及附中迁上海“租界”开学，我到沪复学。翌年，蒙表兄杨无恙推荐，得师事国学擘金松岑先生。吾师正教授光华大学，于文学院开设“历代文选”、“历代诗选”课程，嘱我前往旁听。旋知我志趣不在诗文，而在考据，于是令与朱季海、贝仲琪交游，因二子又得识王仲荦。三君皆太炎先生晚年弟子，各长我数岁，于学术上皆我前辈。我们常在“法租界”辣斐得路（今复兴中路）辣斐坊贝氏寓所朱子下榻的亭子间内，谈经论史。其后王氏赠诗云：“匡鼎谈诗处，当年辣斐坊”，即指此事。受三君启发，我初学太炎先生遗著，始知得乾嘉朴学真传，其最精者在小学。

乾嘉朴学的中坚是休宁戴震，他发明了振兴一代朴学的读经传古籍的方法论。由于方法论的歧异，经学分汉、宋两派。有人把经传的训诂与义理割裂，谓汉学重训诂，宋学重义理。元和惠栋起而反对，谓经书的义理存乎训诂之中，斥责宋明理学家废弃汉儒训诂，凭胸臆“凿空”说经，故倡导读经必由汉代经师的训诂以明义理。惠氏旨在“复汉”，唯汉人之言是从。但汉儒也有附会，故戴震继起，反对盲从汉诂。于是戴学有了完善的读经方法论，即“由训诂以明义理”，既反对宋学“凿空”说经，又反对惠氏汉学“株守”旧注。旨在“求是”。

戴学以小学为入门。因经传古籍多同音假借字，故戴门弟子治小学首重探古音。王念孙推衍戴氏坚持传承（反对“凿空”）与创新（反对

“株守”）相结合的治经之术，发明治训诂的方法论：既反对“望文虚造而违古义”，又反对“墨守成训而鲜会通”，要求“就古音以求古义”（《广雅疏证》序）。于是他把一代训诂学推上了顶峰。

清儒称周秦音为“古音”。其时尚无按声类编组的韵书，而有《周易》、《诗经》、《楚辞》等谐韵的书。清儒称隋唐音为“今音”。其时已有陆法言《切韵》、孙愐《唐韵》等韵书，但都已失传，清儒所见者已是宋人重修的《广韵》。其“二百六部”之分，大体犹存隋唐韵书的原貌。清人往往即称《广韵》为《切韵》或《唐韵》。清儒先后相继比较归纳《毛诗》等中的韵语为古音分别部居，又并合“二百六部”之目以表示古韵。其主要成果是：分部愈密，辨音愈确；逐步发现部与部即声类之间通转的规律，由此达到“就古音以求古义”。

顾炎武始得古音十部，举平以该上去入。因入声最短也最少，故《广韵》有的韵部有入，有的韵部无入。顾炎武谓古四声不同今四声，他对《广韵》无入之部，古音悉配以入；《广韵》有入者，古音反是。江永得古音十三部（平上去），入声八部。他始言“异平同入”，启通转之端。段玉裁得古音十七部（平上去），入声八部。他说：“入为平委”，“异平同入”，“合韵之枢纽于此可求矣。”戴震先分古韵为七类二十部（其中入声七部），后改为九类二十五部，若入声附而不列，则十六部。他始创立二平一入分配的组合结构，为“阴阳对转”说奠基。孔广森得古音十八部，内阳声者九，阴声者九。孔氏说：“此九部者各阴阳相配，可以对转。”王念孙初得古音二十一部，以有入，无入分两大类，不言通转如顾氏。晚取孔广森说，分东冬为二，遂得二十二部。以为郝懿行《尔雅义疏》刊误，有“文韵与之韵互相转”之言，可见已接受孔氏“阴阳对转”论矣。至此，清代的古韵分部研究达到了顶峰。

钱大昕创始考证古声纽。他发现学术界沿用的“三十六字母”中的轻唇音，于古都读重唇音，如古经解以“彼”训“匪”，盖古读“匪”如“彼”。舌上音的知、沏、澄三母，于古都读舌头音，以故经传“中”与“得”通用，盖古读“中”如“得”。

太炎先生不及见乾嘉诸老。他所捧手或通信受教的是晚清浙江三经师：俞樾、黄以周、孙诒让。章氏作《瑞安孙先生伤辞》云：“当是时，吴越间学者有先师德清俞君及定海黄以周元同与先生三，皆治朴学，承休宁戴氏之术，为白衣宗。”得三师传授，章氏论学，以戴学为权度，治学一专戴学律令，从音韵入门。他分古韵二十三部，承高邮王氏；言“阴阳对转”，作《成均图》，承曲阜孔氏；考证声纽，撰《古音娘日二纽归泥说》，继嘉定钱氏，语详《小学略说》等中。

章氏治古音的目的是为了识古字、读古书。《说林》下云：“音韵通，文字可以略说，则小学始自各其家。然达者能就其声类以知通转，此合雅诂，穷治周秦两汉之籍；而拘者惟分析字形，明征金石，若王筠之徒，末矣！”是故，论章氏之学，不能以音韵家限之也。

近世考据之学已随着时代而发展。王国维倡导“二重证据法”，胡适引进“实验主义”，都使考据学划时代改进，然而不能不追本溯源，推尊传统的乾嘉一脉。以故实大声宏的章氏之学仍将余响不绝。

华强同志撰《章太炎大传》，乞序，因为言章氏之学得乾嘉朴学真传，相信年轻学子必有愿读章氏之书而继其志事者。惜不能起章门诸子仲琪、仲荦、季海三君于泉下，为我校正是作也！

原载上海交通大学出版社2011年9月版《章太炎大传》

为太平天国史学鞠躬尽瘁
——敬书《罗尔纲全集》后

史学界有巨匠曰：“罗尔纲”。他毕生以考据治太平天国史，把对考据方法的应用，推上了乾嘉学派、实证论者等所未能达到的高峰。罗氏继萧一山、简又文、郭廷以等而起，为太平天国史学大厦奠基。近百年来，一人而已。

一

1957年3月，在中国科学院近代史研究所召开的关于中国近代史分期和太平天国革命性质问题的座谈会上，我得聆罗先生震惊一座的发言。先是，有一位史学前辈引证马克思的读报评论，涉及“太平军在宁波”云云。罗先生当即插言：“这不是太平军。”他指出，马克思所见英国报纸所载的其实是天地会活动的消息，因远隔重洋，被误会是太平军了。在座的荣孟源前辈当即笑言：“毕竟是专家。”我于是惊佩罗先生掌握太平天国史料如此精审！

嗣后，陆续读罗先生论著及其所编太平天国史料，并有机会多次捧手或通信受教，愈益钦敬其史学的渊博及史德的高尚。于是撰文以志心得。1983年，我发表《罗尔纲与太平天国史料学》。1987年，我撰《罗先生赞》。1998年，罗先生已前卒，我写《考证学与太平天国史研究》，以表哀思。以上诸文论述罗先生的考据学达到了时代的高峰，他考证太平天国史的业绩超越了萧一山、简又文、郭廷以等取得的成果。罗先生之所以成为当代太平天国史学泰斗，其主要原因是：孜孜不倦和虚怀若谷。我们纪念罗先生，就是要学习他的好学与虚心。

二

考据一称考证，是我国积累而成的治学方法。汉儒比较经传古籍的不同文本，分辨其差别与真伪，留下最早的校勘与考伪的记录。魏、吴、蜀三国鼎立，史书记载多有分歧。东晋孙盛撰《异同评》、《异同记》，这是史料考异的嚆矢，书已失传，但后人犹能从裴松之《三国志注》、刘孝标《世说新语注》等所引见其鳞爪。

昔人尝论赵宋一朝文化优于汉唐，考据亦至宋而称盛。司马光撰《资治通鉴》，别为《考异》一书，交代取舍之故，产生了我国比较史料的第一部专书。朱熹撰《韩文考异》，这是校勘版本的典范之作。此外，欧阳修、赵明诚取证金石，晁公武、陈振孙建设目录，徐铉整理《说文解字》，陈彭年等重修《广韵》，吴棫、郑庠探讨古音，王应麟等从事辑佚……都为后来清代考据学的大发展，做了准备和先导。

考据大盛于清。因反对明季理学家“空谈心性”导致亡国之祸，故清初学界的先知者提倡求真务实，号为“朴学”。顾炎武登高一呼，号召学者舍弃宋明语录，返求救世济民的真道于孔孟遗经。他发明了读古书的通道，即读古书必先识古字，而古书多同音假借字，故识古字必先审古音。炎武撰《唐韵正》、《诗本音》、《易音》，成为一代考据学的开端。同时，阎若璩撰《尚书古文疏证》，以汉人所著书：《史记》、《汉书》、《说文解字》等所载《古文尚书》的实况与东晋梅赜所献本相对勘，发现种种差异；篇数不合，篇名不合，内容不合。最后，阎氏发现东晋本《孔传》中有孔安国死后才设置的金城郡，遂断定这是后人伪作。阎氏此举留下了辨伪的典型经验。顾氏好古，阎氏征实，有清朴学，于焉肇始。

乾隆、嘉庆之际是清朴学的鼎盛时期。经学、小学都有了传承与创新相结合的正确方法论。先是，惠栋反对宋人把经传的训诂与义理割裂，废弃汉儒训诂，“凿空”说经，于是提出读经必由训诂以明义理，旨在复兴汉学。戴震继起，也深嫉宋儒凭胸臆以为断，“凿空”说经，但他又谓汉儒虽有师承，而也有附会，故不能“株守”汉诂。于是戴学有了完善的读经方法论，即必由训诂以明义理，既反对“凿空”说经，又反对“株守”旧注，旨在求是。戴门大弟子王念孙推衍戴氏之术，发明治训诂的方法论，既反对“望文虚造”，又反对“墨守成训”，要求“就古音以求古义”。于是经学、小学盛极一时，并带动了其他诸学。乾嘉学者每下一义，泰山不移。正如王引之总结他父子释古代语词的经验所说：“揆之本文而协，验之它卷而通”，是经得住检验的。乾嘉学者考证古代事物，富有科学精神，对一字一音，往往经过多位通儒的反复质疑、推断、查证，然后得到结论。由是后世论考据学，追本溯源，必尊“乾嘉学派”。

辛亥革命前后，随着殷墟甲骨、敦煌经卷等新事物的出现和“实验主义”等新思想的输入，考据学发生蜕变：其一，从以经学为中心，转向以史学为中心，《六经》真正变成了史料。其二，考据家追求科学，从自发转向自觉，真正做到“实事求是”。风气既开，异人并出，于是王国维倡导“二重证据法”，胡适引进“实验主义”，都推动考据学的更新。这里略说胡适是怎样运用“实验主义”的方法论，改进乾嘉考据，使之完全成为科学的。

19 世纪自然科学的发展，催生了“实验主义”哲学。其主要代表之一是美国杜威，胡适在康奈尔大学时曾师从受学。“实验主义”考察事物有两个基本态度：其一，实验室的态度，即区别真理与谬误要凭实验。其二，历史进化的态度，即承认事物都是进化的。杜威把考察事物的程序分五步走：（一）发生疑难和困惑；（二）确定疑难之点；（三）假设解决疑难的种种方案；（四）比较各种假设择善而从，选取其一；（五）求得确证，检定所选假设是真理还是谬误，作出结论。这就是“实验主义”的方法论，胡适把它概括为十个字：“大胆的假设，小心的求证。”在这五步中，假设和求证是两个重要环节，而证据尤为重要。胡适说：“没有证据，只可悬而不断，证据不够，只可假设，不可武断，必须等到证实之后，方才奉为定论。”这与乾嘉朴学家要求“言必有据”、反对“凿空说经”、反对“望文虚造”等的精神是暗合的。胡氏多次论及乾嘉考据与“实验主义”相通。但因清儒出于自发，还不能够自觉运用“实验主义”的方法论，所以有时以假设当结论，犯“武断”改古书等错误。经过胡适等的提倡，学术界始接受“实验主义”，用以改进传统的考据学，使之完全成为科学。

也就在中西学术交流、考据学划时代更新之际，青年罗尔纲崭然露头角。在胡氏直接指导下，学习考据，从事考据，为以后成为一代考据学大师奠定基础。

由于时势的需要，学术的热门也有变化。罗先生所考证的对象，已非乾嘉学派所耗尽心血的经小学，也非民国年间“实证派”所争先探索的“甲骨学”、“敦煌学”，等等，而是一门新兴的太平天国史学。

三

太平天国史学的发生发展，迄今虽不过百年，但由于一直与近代中国复杂的政治斗争相联系，故而极为曲折，成为一门反映时局最敏感的学科。

太平天国失败后，所颁行的书籍文件等都遭禁止流传和被毁灭。人们欲知天朝兴亡的经过，其主要读物是清政府颁行的《钦定剿平粤匪方略》。即使是私人著作，如杜受田的《平定粤寇纪略》，其取材也都是官方公牍。清军统帅曾国藩命张德坚等刺探太平军情况，编《贼情汇纂》一书，反映天朝初期人物、制度等颇翔实。惜止于咸丰五年，后无续作。亦无刊本。天京失陷时，太平军后期统帅忠王李秀成被俘。他在囚笼中写下了长篇“供状”，历述天朝十数年史事。出于政治上的需要，曾国藩亲笔删改后，梓本公布，因由九如堂刊刻，故称“九如堂本”。原稿被曾收藏在家，世人不得见。稍后，名重士林的文人王闿运写《湘军志》，以“直笔”自负，然而在他的书里，洪杨仍然是“叛逆”。直到资产阶级革命党人为反清造舆论，始为反清的先驱太平军唱赞歌。黄世仲撰《洪秀全演义》，章炳麟为作序说：“洪王朽矣，亦思复有洪王作也。”还有刘成禺撰《太平天国战史》，也在海外发行。这都是我国人写太平天国史为革命服务的创始之作。

辛亥革命之后，太平天国史研究得解禁。一些简陋的学术著作，应时问世。1913 年，罗惇融发表《太平天国战纪》。他取材于坊本《李秀成供》、杜受田《平定粤寇纪略》等常见之书，而伪托得之于韦昌辉嫡子韦玄成所著《天国志》。其人其书都属子虚。十年之后，又有凌善清以纪传体形式著《太平天国野史》，粗具一朝史事规模。自言其史料来源于王韬著《洪杨纪事》，乃“彼中人记彼中事”。其实，王韬从未出仕天朝。所言《洪杨纪事》，乃《贼情汇纂》之易名。凌氏曾从日本学者稻叶岩吉所著《清朝全史》抄得太平天国“旨准颁行诏书”之一《三字经》，刊入《野史》。其原本藏伦敦不列颠博物院（简称“英院”）。所有这些都启示吾国学者，必须对太平天国史料做大量的考证工作：其一，搜集史料；其二，比较史料（包括辨伪、校勘和考异）；其三，归纳史料。于是出现了一批从事以上工作的老一代太平天国史学者，其主要代表有萧一山、简又文、郭廷以，而罗尔纲后来居上，集其大成。

从20世纪20年代起，吾国学界始从海外搜集太平天国所刻书。这些书可分两大类：一类列入“旨准颁行诏书总目”29部；另一类是29部之外的。从辛开元年（1851年）起，太平天国开始刻书。从癸好三年（1853年）起，所刻书一般都在封里插页附刊“旨准颁行诏书总目”，最少为13部，陆续增多至29部。也刻了一些以外的书。太平天国失败后，所刻书极少得在国内被保存下来，而流散在西方各国图书馆、博物馆的却颇多。国人最早到伦敦不列颠博物院移录太平天国文献的是刘复。1926年，他印行《太平天国有趣文件十六种》，其中14种得自英院，包括《太平条规》一书。同年，程演生据巴黎东方语言学校图书馆所藏原件，编辑出版《太平天国史料》（第一集），内辑录太平天国所刻书凡8部，包括洪秀全于起义前写的《原道救世歌》、《原道醒世训》、《原道觉世训》三文合成的《太平诏书》。当时，国人对天朝文献的了解尚属有限，以故程氏见“旨准颁行诏书总目”中有《太平救世歌》，误会为即《原道救世歌》，其实非是。又见“总目”中有《醒世文》，误会即《原道醒世训》，其实也另有其书。之后萧一山为订正。与程演生在法国访书活动同时，俞大维从柏林普鲁士国立图书馆摄得太平天国所刻书凡九部的照片，携以归国。张元济据以校《太平天国诗文钞》内有关文献。由是国内学界知太平天国所颁行的《太平诏书》等有区别于“程辑本”的“柏林本”。1932年，萧一山在英院摄录得太平天国所刻书22部（其中《历书》癸好、辛酉两年各一册），连同国内发现的《英杰归真》，后编成《太平天国丛书》（第一集）出版。随着“程辑本”、“萧辑本”等的公布，于是对太平天国所刻书的目录、版本和考释等工程也启动了。同时，萧一山等也收集天朝的文书。

到20世纪30年代，吾国学者初步努力从外国书籍报刊移译太平天国史料。1936年，上海商务印书馆出版简又文的《太平天国杂记》(第一辑)。内有简氏的译作数篇:《太平天国起义记》，即瑞典人韩山文据洪仁玕口述而用英文写成的《洪秀全之异梦及广西乱事之始原》等。继之，简又文又倡始实地调查太平天国史料。1942—1943年间，他在广西采访，后将所得文献、文物及传说编成《金田之游及其他》，交商务印书馆出版。翻译和实地采访，这是简氏收集太平天国史料工作的两大特色。

为满足学者考索的需要，在20世纪30年代和40年代，郭廷以撰成《太平天国史事日志》。这是一部研究太平天国史必备的工具书。此书始清嘉庆元年(1796年)，迄同治七年(1868年)，按日编次全国重大事件。金田起义后，郭氏以“天历”与清朝沿用的“农历”及欧美通用的“西历”相对照，以便读者据三方面史料，查明太平军反抗中外敌人的盛衰兴亡之迹。自从日本学者田中萃一郎误认为“天历”的干支与“农历”的干支一致，“天历”的星期与“西历”的星期一致之后，国内也有学者支持其说，由是对太平天国史事的排比，带来诸多困惑。郭氏摘录当时亲历者有关“天历”与“农历”及“西历”对照的记载，得20余条，确证“天历”的干支比“农历”的干支，“天历”的星期比“西历”的星期，均提前一日。于是他先撰成《太平天国历法考订》一书，为按日排比史事提供不可缺少的条件。《郭志》所附“引用书目”列中西书凡600余种，也极有学术价值。1946年,《太平天国史事日志》由商务印书馆出版。此书为新中国编辑《太平天国资料丛刊》等做了准备。

如上述，经过萧一山、简又文、郭廷以等在20世纪20—40年代，大约30年时间里的努力，把一门新的考据对象——太平天国史学的雏形打造起来了。它的广度和深度是300年来考据家所不曾遇到过的。其一，取证范围宽广，中文、外文(主要是英文)的都有，而且不断有新证出现。其二，审证的任务特别繁重，书证、物证和人证都有假的。幸有罗先生继萧、简、郭诸氏而起，在20世纪50—90年代(直至病逝)，经历“文革”等复杂多变的政治环境，为考证太平天国史而鞠躬尽瘁。

1949年，中国大陆获得解放，新中国成立。萧一山、郭廷以去台湾，简又文去香港，各自继续从事太平天国史和其他领域的研究工作，各有建树。罗先生留在大陆，在新中国生活了40余年，经历了太平天国史学发展的三个时期：（一）在20世纪的50年代和60年代初，在正确的政治导向下，太平天国史学获得蓬勃发展；（二）从1964年批判李秀成运动起，到“文革”结束止，“四人帮”大搞“影射史学”，太平天国史研究遭到极度践踏；（三）1976年粉碎“四人帮”后，在“改革开放”政策推动下，太平天国史学获得了继续发展。

一些老同志的记忆犹新。1951年1月11日，为太平天国起义100周年，全国隆重举行纪念活动。《人民日报》发表社论，充分肯定这次农民大起义反封建反侵略斗争的英雄业绩及其爱国主义精神，为对太平天国的评价一锤定音。上海、南京、扬州等地纷纷展览太平天国的遗迹，一些珍贵文物和史料呈现在后人的面前。中国史学会组织专家编辑《中国近代史资料丛刊》之Ⅱ——《太平天国》，由神州国光社分册陆续出版，为研究工作者提供最基本的太平天国史料。在百年纪念筹备会的基础上，南京筹建太平天国历史博物馆，罗先生奉命协助。从此有了搜集和编辑太平天国史料的中心。也就在1951年，罗先生的名著《忠王李秀成自传原稿笺证》在上海开明书店一版再版，一时“洛阳纸贵”，轰动学术界。所有这些，都是太平天国史学高潮到来的标志。

20世纪50年代，在苏、浙等省，一些有关太平军的新史料纷纷出现。以我个人的经历为例，以见大略。

1952年，我初到常州中学任教，即从一同事处看到其先人清宁绍台道史致谔遗下的两册档案：一册是向上级报告军情的抄清本，又一册是与驻宁波的英法外交官和军官为组织“洋枪队”打击太平军的通信底稿。史致谔致仕时，携之归常州家中。于是整理和刊布后一册史料，揭露西方列强在浙江干涉太平天国的真相，便成为我治太平天国史的起点。

同年，我回常熟港口镇（今属张家港市）探望双亲，听乡人传告，得见一册《庚申避难日记》，作者系一训蒙师，记太平军在当地征收田赋等的活动颇详。在20世纪50年代的常熟，我还收集到陆筠《海角续编》、华翼纶《锡金团练始末记》等有关太平军的新史料。特别是1957年在图书馆有机会看到刚从东乡废纸中发现的一件稀世之珍——天朝后期为革新科举而颁行的《钦定士阶条例》。这是世间仅存的足本。之前，萧一山从英院移录归国的乃是残本。

1954年，我调到扬州工作。那里也是太平军活动频繁的地方，当时文人臧谷写《劫余小记》，载太平军和东捻军到扬州的经过。我从收藏家黄汉侯先生处得见其抄本。

伴随着大量新史料的出现，鱼龙混杂，一些赝品也招摇市肆，冒充真迹求售。1955年，在扬州城内得胜桥的一家旧货铺内，我看到一幅明末袁崇焕藏汉砚的拓本，砚侧有太平军大将赖文光的题词。一时喜出望外，即当作新史料发表于1956年2月16日《光明日报》史学版。不到一个月，3月15日该报发表荣孟源前辈的文章，严肃指出："赖文光题袁崇焕藏汉砚是假的。"理由是：（一）题词内容与太平天国的历史不合；（二）题词内容与太平天国的制度不合。荣氏的深刻教诲，使我认清自己对太平天国的知识极为浅陋，故而不能鉴别一文物的真伪。由是决心要对太平天国史料狠下考证工夫。

以上个人所亲历的事实，表明太平天国史学正在蓬勃发展，新史料纷纷出现，亟需收集，亟需鉴定，亟需编辑出版，亟需有胸罗太平天国史万卷的考据学大师总揽其事，而在当时中国大陆能膺此大任的，厥惟罗先生一人而已。

从1950年12月起，罗先生以中国科学院研究员的身份，在南京协助筹建太平天国历史博物馆。地方政府给以助手等条件，使他能专心致志于从事对太平天国史料的收集和整理工作。

太平天国史料有三个来源：一是天朝自己提供的；二是清朝官方或私人提供的；三是外人提供的。《太平天国》（资料丛刊）即包括以上三方面的资料。罗先生所收集的是清方资料而以私人提供的为主，其收获之富是前所未有的。到1960年底，共收集得1200万字，编成《太平天国资料汇编》。从中选取800万字为《太平天国史料丛编》。又从中选取精华180万字为《丛编简辑》。1961年，由中华书局上海编辑所出版。学术界称《太平天国》为"八大本"，称《丛编简辑》为"六大本"，一代太平天国史学于焉兴起。

罗先生收集史料的渠道有三：一是广泛征集，二是苏、浙、皖三省采访，三是南京图书馆摸底。这1200万字的获得，主要是靠在南京图书馆摸底。罗先生师法清儒在残存的9000余册《永乐大典》中辑宋元佚书，继又从《大典》辑补《全唐文》的经验，于1954年带领助手在南京图书馆搜辑太平天国史料。南京图书馆创建于清季，为我国东南的大图书馆之一，经历任馆长缪荃孙、柳诒征、蒋复聪等大学者辛苦经营，库藏极为丰富。人民解放战争胜利之初，又增加了孤本珍本不少。1954年时，它的颐和路书库庋藏共有70多万册。罗先生带领助手们按库、按架、按排，一册一册地、一页一页地，寻找太平天国史料。历时四个月，计搜得有关书籍共1661种，包括稿本和抄本60种，有的史料价值很高，弥足珍贵。罗先生撰《南京图书馆太平天国史料摸底记》，为此役铭功。

罗先生在创造收集太平天国史料经验的同时，又创造对太平天国史料辨伪的经验。伪造的太平天国史料往往伪托其史料来源于太平军内部人物，所谓"彼中人记彼中事"，以假乱真。但也就在"彼中人"不了解"彼中事"的种种破绽上暴露作伪的马脚。罗先生即从史料来源与史料内容的矛盾，揭穿了眩迷人目的《江南春梦庵笔记》是一部大伪书。

《江南春梦庵笔记》初见于清光绪元年（1875年）上海《申报》馆编印的《四溟琐记》（月刊）。分上下册两次刊载，上册见该刊第4卷，下册见第7卷。

《江南春梦庵笔记》署名"武昌沈懋良撰"。书后有春草吟庐主人跋云："懋良陷贼十三年，相处者又倡乱之巨逆，宜乎所言源源本本，如数家珍也。"又说："所载群逆之出处，伪制之详明，又足补诸书所未备。"书中明白交代，与作者相处13年的"倡乱之巨逆"，乃太平天国赞王蒙得恩。如述洪杨来历时，作者声明："上皆蒙得恩所言。"因震惊于其史料来历非其他笔记资料凭道听途说可比，故使学术界有的名流也上当为之延誉。如朱希祖为萧一山《太平天国丛书》（第一集）作序，说到《江南春梦庵笔记》时，强调"所载事迹，则多正确"。简又文虽谓其有的内容离奇不敢信，但未疑其为伪书。1952年，此书竟被辑人《太平天国》（资料丛刊）第4册，由是谬种流传更广，贻害学者非浅。直到罗先生加以鉴定，才暴露其为赝鼎。

1955年，生活·读书·新知三联书店出版罗先生的《太平天国史料辨伪集》，其首篇即《太平天国史料里的第一部大伪书——〈江南春梦庵笔记〉考伪》。这是他辨伪的代表作。罗先生师法清儒辨伪《古文尚书》的经验，充分发现破绽，以分辨真伪。又结合伪造太平天国史料往往假托“彼中人记彼中事”的特点，紧抓史料来源与史料内容的矛盾，揭露作伪的马脚。经过将是书与已肯定为真实的太平天国文献相对比，罗先生终于发现那个自称为蒙得恩身边的沈懋良对蒙得恩的情况几乎是无知。

蒙得恩有五子，见《蒙时雍家书》。赞嗣君蒙时雍也见其他文件。而《江南春梦庵笔记》却说：蒙得恩“无子，生三女，长适西逆萧全福，次配仁玕子，三未字。”这是虚构了蒙得恩的家庭。“萧全福”，也是虚构之人。按，幼西王名萧有和。

蒙得恩于太平天国辛酉十一年死去，也见《蒙时雍家书》。之后，“天王诏旨”所开受诏人名单已不列“恩胞”了。而《江南春梦庵笔记》却说，太平天国甲子十四年，蒙得恩还在天王宫值宿。岂非见鬼？

由上述可见，《江南春梦庵笔记》作者决非长期在蒙得恩身边的人。以故就在蒙得恩的身上，他信口胡诌，与真的太平天国文献所载不符，暴露了作伪的马脚，而被罗先生所查获。

在20世纪50年代，罗先生做了又一大贡献，汇编出版太平天国文献：其一，编辑出版《太平天国印书》；其二，编辑点校《太平天国文书汇编》。

上文已说，从20世纪20年代起，我国学者陆续从海外寻访太平天国所刻书，有“程辑本”、“萧辑本”和俞大维摄回的“柏林本”照片。之后，王重民据英国剑桥大学图书馆所藏，补程、萧、俞诸家的缺漏，编辑出版《太平天国官书十种》，世称“王辑本”。向达等编《太平天国》（资料丛刊），综合以上成果，共收“太平天国官书”38部，并于“诏旨文书”中据上海图书馆所藏抄本夹入一部《钦定敬避字样》，因此实际收录太平天国所刻书39部。对同一部书的版本差别，由荣孟源为之校注。罗先生编《太平天国印书》，增多了1部，凡40部。全书以颁行先后为序。其中的《太平诏书》、《天条书》各有初刻和重印两种版本。1961年，由江苏人民出版社影印出版。1978年，江苏人民出版社又排印出版。

在罗先生的指导下，太平天国历史博物馆的同志编辑了《太平天国文书汇编》。内有诏旨、告示、公文、论序、名册、簿记、挥条等，共

400余件。其中除汇集萧一山、王重民、向达等前人发掘的成果外，还公布了一批新出现的太平天国文书。1979年，由中华书局出版。

大量太平天国新史料的出现和罗先生考证工作的深入，都为他撰成名著《李秀成自述原稿注》做了准备。按，《李秀成供状》经曾国藩删改于安庆刊刻后只在极少数人中流传，连在朝为官的翁同龢也不得已而向军机朱学勤借阅。于是民间便有人翻印。光绪末，有一个署名“扪虱谈虎客”的再加删改，交由日本广智书局刊入《近世中国秘史》。因妄加篡改，愈益失真。罗先生从1931年开始，即在这个谬妄丛生的本子上作注，辛苦摸索了十数年。1936年，为满足研究工作需要，北京大学将“九如堂本”影印。至于《李秀成供》的原件，则仍被湘乡曾氏秘藏，学者不得见。直到1944年，广西通志馆才征得曾氏后人同意，拟派罗先生前往阅看。值罗病，所以临时改派了吕集义。是年暮春，吕氏在湘乡高棉山下的曾富厚堂看到了锁在铁匣中的《李秀成亲供》。在曾氏后人的轮流监视下，他穷两日之力，用北大影印“九如堂本”相与对勘，抄补了5620余字并拍摄了15帧照片，带回广西。罗先生看到了吕氏抄补本及15帧照片中之4帧，便以为见到了原稿。于是摒弃了《近世秘史》本，改在吕氏抄补本的转抄本上作注，取名《忠王李秀成自传原稿笺证》发表，引起了学术界的轰动。1951年，由上海开明书店一版再版。1952年，神州国光社版《太平天国》（资料丛刊）据《罗笺本》的本文辑入“诸王自述”中。1953年，中华书局出版《忠王李秀成自传原稿笺证》第三版。张秀民、王会庵编的《太平天国资料目录》竟断言：“《忠王自述原稿》，久成学术界之谜，今既公布于世，其余二十种版本，几均可废。”其实不然。1954年，原来也在广西通志馆工作的梁岵庐公布了吕集义从湘乡摄回的15帧照片，取名《忠王李秀成自传真迹》，并指摘《罗笺本》有与《真迹》不合的讹误。1957年，中华书局出版《忠王李秀成自传原稿笺证》（增订本），作为该书第四版。遵守考据学的准则，罗先生公开声明，自己在该书的一、二、三版上，有仅凭主观判断改动原文，未加注明等的错误。

随着《笺证本》的盛行，也有读者因见其中有对曾国藩乞降语，遂疑吕集义所见的并非真出李秀成手笔。罗先生在法医的协助下，使用现代科学技术，对15帧照片的笔迹进行鉴定，确认此为李秀成手稿无疑。先是，还在抗日战前，学术界已从庞际云所藏《忠王李秀成答词手卷》，见到李秀成的手迹。当李秀成被俘后，曾国藩令亲信幕僚李鸿裔、庞际云面讯了若干问题，“手卷”就是讯问的记录。其中有李秀成手书的28字：“胡以晃即是豫王，前是护国侯，后是豫王。秦日昌即是秦日纲，是为燕王。”据庞际云说明，因李语操土音不可辨，乃令执笔写下来的。经法医检验笔迹的结果，湘乡曾氏所藏《李秀成亲供》与这“二十八字”出自一人之手。由此确证《亲供》是李秀成的真迹。至于何以有向敌人乞降语？罗先生也做了解答。他认为这是李秀成欲“伪降”以图复国。由于缺乏直接和确凿的证据，从考据学的准则来说，这只能是个假设，可供学术界研究。但极其不幸的是，此一学术问题其后被少数政治阴谋家所利用，变质为政治问题，罗先生遭批斗，太平天国史学最先成为十年浩劫的重灾区。这一切都非忠厚书生如罗先生者所能逆料。

1962年，台湾世界书局影印出版了《李秀成亲供手迹》。由是大陆读者始确证吕集义摄得的15帧照片所据是原件，也确证其中的乞降语是出自李秀成手笔。1963年，戚本禹在《历史研究》发表《评“李秀成自白书”》，直斥“忠王不忠”。1964年，《人民日报》重新发表此文，并发表罗先生写的《忠王李秀成“苦肉缓兵计”》，针锋相对，号召开展大讨论。各报刊也函电交驰组稿，于是作者们纷纷撰文各抒已见，有的否认李秀成有乞降之意，有的仍肯定他的前功，结果都成了“叛徒的辩护士”，受到种种打击。为什么学术民主变质为政治迫害？事后，林彪、“四人帮”一伙“抓叛徒”，以“莫须有”罪名，陷害一大批老干部。至此，人们才看清他们批判李秀成是为造舆论的真正目的。

1974年，“四人帮”又阴险地发动“批孔”，批杨秀清“尊孔”，影射周恩来总理。太平天国史再一次遭到了践踏。

1976年10月，党中央粉碎了“四人帮”，实行拨乱反正，学术民主也得到空前开展。于是一大批对太平天国史有造诣的学者，从韬晦中重新活跃起来，各建殊功。诸如茅家琦纂《太平天国通史》，王庆成辑《太平天国资料丛刊续编》，郭毅生修《太平天国词典》、《太平天国地图集》，钟文典编《太平天国史丛书》，王庆成又从海外采访得天朝遗佚文献《天父圣旨》、《天兄圣旨》。对太平天国史的各个角落几乎皆有专著问世，如吴良祚的《避讳研究》，张守常的《北伐史》等，皆属功力深厚、采山之作。特别是罗先生，以耄耋之年，完成了巨著《太平天国史》。也终于完成了史料考证方面的最精湛之作《李秀成自述原稿注》，并做了一次增补。

当台湾世界书局把《李秀成亲供真迹》公布后，罗先生第三次调整自己著作的底本，改名《李秀成自述原稿注》。1982年，由中华书局出版。在我国学术史上，注释史籍的名家不少，如裴松之注陈寿《三国志》，胡三省注《资治通鉴》，等等，都没有屡换底本。乾嘉时，戴震注《方言》，段玉裁注《说文解字》，王念孙注《广雅》，都是“先正底本”，但都没有如罗先生注《李秀成自述》的三换底本那样曲折。

为古人所著书作注，必须说明两事：（一）古代语言，即训诂；（二）当时背景，即历史事实。先秦时人注孔门经典，有专说史事的，如《春秋左氏传》；有专通古今语的，如《尔雅》；有兼此二者而偏重训诂的，如《毛诗故训传》。孙盛对魏晋间史书作《异同评》、《异同记》，裴松之注《三国志》，都以史料考异和补充史料为主，偶有对文字注音。罗先生注《李秀成自述》师法裴注《三国志》，注补史料和考异为主，但兼重训诂，对太平军、清军专用词语和李秀成所操广西方言都做了解释。在这两方面，都显示了罗先生博大精深的考据功夫。

例如，《李秀成自述》记太平军永安突围之役说：“姑苏冲是清朝寿春兵在此把守。”简又文《太平军广西首义史》引用了这段资料，但不知“寿春”为何义？他犯了乾嘉考据家所深诫的“望文虚造”的错误，曲解为人名，又凭推测，谓是“满将”。罗先生因胸罗清朝绿营兵制，故能正确判断“寿春”非人名而是地名，属安徽省，“寿春兵”乃寿春镇总兵所属之兵，归两江总督管辖。罗氏又从《剿平粤匪方略》卷16所载，咸丰二年八月初六日两江总督陆建瀛奏“前已调派安徽寿春官兵一千名前赴广西”云云，为“寿春兵”到广西参加对太平军的战争，找到了确凿的佐证。

罗先生为《李秀成自述》作注，可谓“言必有据”，几乎是每字每句都有原始的史料做根据。而对这些史料的获得是靠长期积累，并非朝夕之功。例如，对“冲天炮”的一条件注释，就是多年绩学的结果。按《李秀成自述》说：“十一年正初，由常山动身，上玉山、广信、河口而行，到建昌屯扎，攻打二十余日未下，外有清军来救，是冲天炮李金旸带兵。”其后又说：“先有冲天炮李金旸带有清兵十余营屯扎阴冈岭，与我部将谭绍光、蔡元隆、郜永宽等迎战，两军对阵，李金旸兵败，其将概已被捦，全军失散，拿其到步，见是勇将有名之人，心内痛惜英雄，故未杀害，当问其来情肯降否？他云被捦之将，不得愿而回我也。后见其语未有从心，仍言礼待，并未锁押，悉听其由。过了数日，发盘川银六十余两，其不受而去江西，后闻被杀。此人不是肯降天朝，实是被捦不奈。因惜好汉，故而放回。其手下部将六七员亦已回去。此人杀之可惜，不是降我也。”在《笺证》的一、二、三版，罗先生对此都未注释。四版（增订本）始据欧阳兆熊《水窗春呓》注：“冲天炮是李金旸的绰号”，还是语焉不详。以后，罗先生从湘军将帅的著作里查到了有关资料，于是在 1982 年出版的《李秀成自述原稿注》里，交代明白了其人其事。因李金旸由王鑫“招降纳叛”而来，故罗先生先从《王鑫遗集》里的一篇禀牍，弄清冲天炮的来历：“本是天地会员，在湖南起义，称统领元帅，后来叛变投降清朝。”因冲天炮一案最后由曾国藩处理作结，故罗先生又据曾国藩奏稿里的《李金旸张光照法片》及南京图书馆收藏的左宗棠致曾国藩的一通未刊信稿，补叙冲天炮与太平军战败被俘，李秀成释放了他，走归南昌自首，江西巡抚毓科以此案棘手，便将人犯解送钦差大臣两江总督曾国藩大营，听候处置。左宗棠以其人凶悍难制，劝曾国藩“不用则杀”。曾以“失律”罪将李金旸“正法”。事实表明，由于取证充分，以故罗先生能对《李秀成自述》这段内容注释清楚。

总之，一部《李秀成自述原稿注》表明，罗先生对太平天国史料的考证功夫，已到了渊博精深的地步。

罗先生是一位虚怀若谷、从善如流的恂恂大儒。当《李秀成自述原稿注》出版后，我撰文盛赞为不朽之作，并建议对天王两小子之名做补注。因光王名天光，明王名天明，见台湾故宫博物院所藏《幼天王自述》，已由萧一山公布于《清代通史》。只因当时海峡两岸的文化交流不便，所以罗先生暂未见到。1985 年 1 月，我到北京，陪了一位朋友往谒罗先生起居。他新病初愈，当着客人面向我道谢，激动地说：“你帮助我知道了原来不知道的事情。”其实，以我对太平天国史料的考证功夫，比起罗先生来，真如沧海之一粟而已。罗先生的谦抑，令我深愧！

罗先生殁后14年，我已垂暮，幸得亲睹其《全集》行世，如接謦欬，感怆交至，敬缀旧作，撰成新篇，拜颂先生以考据治太平天国史的千秋伟业。深愿薪尽火传，相信后生中必有仰慕先生之史德史学而善继其志事者。罗先生不朽。

原载《扬州大学学报》人文社会科学版2012年第4期

读清代乾嘉“扬州学派”著作一得

“扬州学派”是乾嘉朴学的分支，是惠戴之学的发展和延续。最早有王念孙、李惇、汪中、刘台拱等人。汪中为李惇撰《墓铭》有云：“是时古学大兴，元和惠氏、休宁戴氏咸为学者所宗。自江以北，则王念孙为之唱，而君和之，中及刘台拱继之。”他们唱和相继的是什么？对汪中论述“扬州学派”诞生的这段名言，兹据王念孙的文章为作笺释，庶几有助于明确“扬州学派”之界说也。

清代朴学创始于顺治、康熙时的顾炎武。他深痛明季士大夫“空谈心性”，无救亡国之祸，于是登高一呼，号召学者舍弃宋明语录，而返求救世济民的真道于孔孟遗经。因经传古籍由古文字写成，故读经必先识古字。又因古人多用同音假借字，故识古字必先审古音。由此他《与李子德书》，作出了“读九经自考文始，考文自知音始，以至诸子百家之书亦莫不然”的光辉论断。这是一代朴学方法论的萌芽。炎武撰《诗本音》、《易音》以考古音，撰《唐韵正》以明古今音之流变，有清朴学就此开端。

乾隆年间，惠栋继起，创造反对宋明“心即是理”的读经方法论，反对“凿空”说经，鼓吹必由汉代经师的训诂以明经文的义理。《九经古义述首》说：“汉人通经有家法，故有《五经》师，训诂之学皆师所口授，其后乃著竹帛，所以汉经师之说立于学官，与经并行。《五经》出于屋壁，多古字古言，非经师不能辨。经之义存乎训。识字审音，乃知其义。是故古训不可改也，经师不可废也。”栋著《易汉学》、《周易述》，倡导恢复佚失的经籍汉诂。其徒江声、余萧客等赞之惠氏汉学于焉兴起。惠栋旨在“求古”，其读经方法论具有二重性：优点是，坚持传承汉代经师的训诂，反对宋学“凿空”说经；缺点是，不事创新，“株守”汉儒经说，不取其精华而弃其糟粕。戴震稍后起，他继承并改進了惠氏的读经方法论，从“求古”到“求是”。他也深嫉宋学“凿空”说经，也主张必由训诂以明义理，坚持对汉学的传承；但又谓汉儒也有附会，不能“株守”错误的汉诂，敢于创新。俱见于所撰《古经解钩沉序》等文章中。在戴学正确方法论的指引下，传承与创新相结合，一代朴学到了鼎盛阶段。“扬州学派”便是此时戴学“求是”方法论孕育的产儿。

王念孙得戴学真传，深明戴氏经术，他把戴氏治经之法，传承与创新相结合，施之于治训诂，既反对“望文虚造而违古义”；又反对“墨守成训而鲜会通”，要求“就古音以求古义”。见《广雅疏证自序》。由此，他把一代训诂学推上了顶峰。

念孙对李惇、刘台拱、汪中诸亡友的遗作都为作序，其评价衡量，一以戴学“求是”的方法论为权度。《群经识小序》云：“是宜传之百世，使家有其书，人知其说，则晚近‘凿空’之论，谫陋之学，无自而囿学者之耳目；而旧说之间有未当者，亦得去非从是而不至为成见所拘矣。”《刘端临遗书序》云：“盖端临邃于古学，自天文律吕至于声音文字，靡不该贯，其于汉宋诸儒之说不专一家而唯是之求。精思所到，如与古作者晤言一室而知其意指所在。比之征君阎百诗、先师戴庶常、亡友程易畴，学识盖相伯仲，以视‘凿空’之谈，‘株守’之见，犹黄鹄之与壤虫也。”《述学序》云：“自元明以来，说经者多病‘凿空’，而矫其失者又蹈‘株守’之陋。”二者都妨碍学术的发展。前者指宋学，后者指惠氏汉学。念孙赞汪中之学实反对此二者而起。由于是时惠学正如日中天，故而汪中反对“株守”尤力。他《年谱》引《与毕沅书》云：“某少日问学，实私淑顾宁人处士，故尝推《六经》之旨，以合于世用。及为考古之学，惟实事求是，不尚墨守，以此不合于元和惠氏。”

由上述可见，当时王、李、刘、汪唱和相继，所共同讲求和施行的，正是戴震所发明的，以“求是”为宗旨的，传承与创新相结合的，读经传古籍的方法论。也就在扬州形成了一个学术流派。

正因为坚持“实事求是”，所以他们虽然服膺戴氏的经学，但是汪中等往往有选择地接受戴震考经的具体论断。如，《尚书·尧典》有“光被四表”语，宋儒《集传》解“光”为显。戴震《与王内翰凤喈书》，谓当从《伪孔传》训为充。其本字为“桄”，《尔雅·释言》：“桄，充也。”《说文》：“桄，充也。”而《五经》无“桄”字，以“横”字训充，故戴震推断，古本《尧典》必有作“横被四表”者。由于“横”转写为“桄”，脱误为“光”，而宋儒望文生义，误解为显。嗣后，钱大昕等从古书中为戴氏多方取证，尤以戴族弟受堂检《汉书·王莽传》有“昔唐尧横被四表”语，最为显确。近世胡适在《清代学者的治学方法》一文里，曾举此例以证乾嘉考据与西方“实验主义”的方法论“大胆的假设，小心的求证”相通。但胡氏失察，汪中对戴震此论有异同之见。汪氏《致刘台拱书》，曾举郑玄《诗·噫嘻笺》有“光被四表”之言，以证汉人所见《尧典》也有作“光被四表”的，盖“横”、“光”音近，当时通用，“光”非误字。汪中又据唐人《噫嘻正义》引《尚书注》云：“言尧德光耀及四海之外”。以证解“光”为显，非宋人杜撰。邵晋涵《尔雅正义》只取戴氏谓古本《尧典》必有作“横被四表”的假设，不取以“光”为转写致误的臆测，这是符合“实验主义”的。

原载《扬州文化研究论丛》第9辑（广陵书社2012年10月出版）